Todos los libros de Linkgua Ediciones cuentan con modelos de Inteligencia Artificial entrenados por hispanistas. Pregúntale al chat de tu libro lo que desees acerca de la obra o su autor/a.

Para **ebooks:** Accede a nuestro modelo de IA a través de este enlace.

Para **libros impresos:** Escanea el código QR de la portada con tu dispositivo móvil.

Obtén análisis detallados de nuestros libros, resúmenes, respuestas a tus preguntas y accede a nuestras ediciones críticas generativas para una experiencia de lectura más enriquecedora.
La transparencia y el respeto hacia la autoría de las fuentes utilizadas son distintivos básicos de nuestro proyecto. Por ello, las respuestas ofrecen, mediante un sistema de citas, las fuentes con las que han sido elaboradas.

José de Acosta

Historia natural y moral de las Indias

Edición de José Alcina Franch

Barcelona 2024
Linkgua-ediciones.com

Créditos

Título original: Historia natural y moral de las Indias.

e-mail: info@linkgua.com

Diseño de la colección: Michel Mallard.

ISBN rústica ilustrada: 978-84-9953-560-9.
ISBN tapa dura: 978-84-1126-644-4.
ISBN ebook: 978-84-9953-172-4.

Sumario

Brevísima presentación

La vida

José de Acosta (Medina del Campo, 1540-Valladolid, 1600). España.

Acosta hizo observaciones científicas en el campo de la antropología y las ciencias naturales.

Su libro más relevante es la Historia natural y moral de las Indias, Sevilla, 1590. En él Acosta describe las costumbres, ritos y creencias de los indios de México y del Perú.

Hijo de Antonio de Acosta y Ana de Porres. Su familia (de posible origen converso) pertenecía a la burguesía mercantil de Medina del Campo. A los doce años Acosta ingresó como novicio en el Colegio de la Compañía de Jesús, estudió después en ciudades de España y Portugal y concluyó sus estudios tras siete años en la Universidad de Alcalá.

Ordenado en 1566, ejerció la docencia en Ocaña y Plasencia, hasta que a los treinta y dos años, la Compañía le pidió que fuese a América, como miembro de la tercera misión enviada por los jesuitas al Virreinato del Perú.

En 1586 se trasladó a Nueva España (actual México), donde estuvo casi un año, antes de regresar a España.

Su proximidad con el rey Felipe II le permitió publicar su primera obra sobre América, De Natura Novi Orbis (1589).

Tras varias estancias en Roma, Acosta se dedicó a la prédica y a la enseñanza en Valladolid, imprimió sus mejores sermones en tres tomos en Salamanca y falleció el 15 de febrero de 1600 a los cincuenta y nueve años siendo rector del Colegio de Salamanca.

Historia natural y moral de las Indias

A la serenísima infanta doña Isabel Clara Eugenia de Austria

SEÑORA

Habiéndome, la Majestad del rey, nuestro señor, dado licencia de ofrecer a usted A. esta pequeña obra, intitulada *Historia natural y moral de las Indias*, no se me podrá atribuir a falta de consideración querer ocupar el tiempo, que en cosas de importancia Vuestra Alteza tan santamente gasta, divirtiéndola a materias, que por tocar en Filosofía son algo oscuras, y por ser de gentes bárbaras no parecen a propósito. Mas porque el conocimiento y especulación de cosas naturales, mayormente si son notables y raras, causa natural gusto y deleite en entendimientos delicados, y la noticia de costumbres y hechos extraños también con su novedad aplace, tengo para mí, que para Vuestra Alteza podrá servir de un honesto y útil entretenimiento, darle ocasión de considerar en obras que el Altísimo ha fabricado en la máquina de este Mundo, especialmente en aquellas partes que llamamos Indias, que por ser nuevas tierras dan más que considerar, y por ser de nuevos vasallos, que el Sumo Dios dio a la Corona de España, no es del todo ajeno, ni extraño su conocimiento.

Mi deseo es que V. A. algunos ratos de tiempo se entretenga con esta lectura, que por eso va en vulgar; y si no me engaño, no es para entendimientos vulgares, y podrá ser, que, como en otras cosas, así en ésta, mostrando gusto Vuestra Alteza sea favorecida esta obrilla, para que por tal medio también el rey, nuestro señor, huelgue de entretener alguna vez el tiempo con la relación y consideración de cosa y gentes que a su Real Corona tanto tocan, a cuya Majestad dediqué otro libro, que de la predicación evangélica de aquellas Indias compuse en latín. Y todo ello deseo que sirva para que con la noticia de lo que Dios nuestro señor repartió, y depositó de sus tesoros en aquellos Reinos, sean las gentes de ellos más ayudadas y favorecidas de estas de acá, a quien su divina y alta Providencia las tiene encomendadas.

Suplico a V. A. que si en algunas partes esta obrilla no pareciere tan apacible, no deje de pasar los ojos por las demás, que podrá ser, que unas u otras sean de gusto, y siéndolo, no podrán dejar de ser de provecho, y muy grande, pues este favor será en bien de gentes y tierras tan necesitadas de él. Dios nuestro señor guarde y prospere a V. A. muchos años, como sus siervos cotidiana y afectuosamente lo suplicamos a su Divina Majestad. Amén. En Sevilla, primero de marzo de 1590 años.

Joseph de Acosta

Proemio al lector

Del nuevo mundo e Indias Occidentales han escrito muchos autores diversos libros y relaciones, en que dan noticia de las cosas nuevas y extrañas, que en aquellas partes se han descubierto, y de los hechos y sucesos de los españoles que las han conquistado y poblado. Mas hasta ahora no he visto autor que trate de declarar las causas y razón de tales novedades y extrañezas de naturaleza, ni que haga discurso o inquisición en esta parte; ni tampoco he topado libro cuyo argumento sea los hechos e historia de los mismos indios antiguos y naturales habitadores del nuevo orbe.

A la verdad ambas cosas tienen dificultad no pequeña. La primera, por ser cosas de naturaleza, que salen de la Filosofía antiguamente recibida y platicada; como es ser la región que llaman tórrida muy húmeda, y en partes muy templada; llover en ella cuando el Sol anda más cerca, y otras cosas semejantes. Y los que han escrito de Indias Occidentales no han hecho profesión de tanta Filosofía, ni aun los más de ellos han hecho advertencia en tales cosas. La segunda, de tratar los hechos e historia propia de los indios, requería mucho trato y muy intrínseco con los mismos indios, del cual carecieron los más que han escrito de Indias; o por no saber su lengua, o por no cuidar de saber sus antigüedades; así se contentaron con relatar algunas de sus cosas superficiales.

Deseando, pues, yo tener alguna más especial noticia de sus cosas, hice diligencia con hombres prácticos y muy versados en tales materias, y de sus pláticas y relaciones copiosas pude sacar lo que juzgué bastar para dar noticia de las costumbres y hechos de estas gentes. Y en lo natural de aquellas tierras y sus propiedades con la experiencia de muchos años, y con la diligencia de inquirir, discurrir y conferir con personas sabias y expertas; también me parece que se me ofrecieron algunas advertencias que podrían servir y aprovechar a otros ingenios mejores, para buscar la verdad, o pasar más adelante, si les pareciese bien lo que aquí hallasen.

Así que aunque el mundo nuevo ya no es nuevo, sino viejo, según hay mucho dicho, y escrito de él, todavía me parece que en alguna manera se podrá tener esta Historia por nueva, por ser juntamente Historia, y en parte Filosofía, y por ser no solo de las obras de naturaleza, sino también de las del libre albedrío, que son los hechos y costumbres de hombres. Por donde me pareció darle nombre de Historia natural y moral de las Indias, abrazando con este intento ambas cosas.

En los dos primeros libros se trata, lo que toca al Cielo, temperamento y habitación de aquel orbe; los cuales libros yo había primero escrito en latín, y ahora los he traducido usando más de la licencia de autor que de la obligación de intérprete, por acomodarme mejor a aquellos a quien se escribe en vulgar. En los otros dos libros siguientes se trata, lo que de elementos y mixtos naturales, que son metales, plantas y animales, parece notable en Indias. De los hombres y de sus hechos (quiero decir de los mismos indios, y de sus ritos, y costumbres, y gobierno, y guerras, y sucesos) refieren los demás libros, lo que se ha podido averiguar, y parece digno de relación. Cómo se hayan sabido los sucesos y hechos antiguos de indios, no teniendo ellos escritura como nosotros, en la misma Historia se dirá, pues no es pequeña parte de sus habilidades haber podido y sabido conservar sus antiguallas, sin usar ni tener letras algunas.

El fin de este trabajo es, que por la noticia de las obras naturales que el autor tan sabio de toda naturaleza ha hecho, se le dé alabanza y gloria al altísimo Dios, que es maravilloso en todas partes; y por el conocimiento de las costumbres y cosas propias de los indios, ellos sean ayudados a conseguir y permanecer en la gracia de la alta vocación del Santo Evangelio, al cual se dignó en el fin de los siglos traer gente tan ciega, el que alumbra desde los montes altísimos de su eternidad. Ultra de eso podrá cada uno para sí sacar también algún fruto, pues por bajo que sea el sujeto, el hombre sabio saca para sí sabiduría; y de los más viles y pequeños animalejos se puede tirar muy alta consideración y muy provechosa filosofía.

Solo resta advertir al lector que los dos primeros libros de esta Historia o discurso se escribieron estando en el Perú, y los otros cinco después en Europa, habiéndome ordenado la obediencia volver por acá, Y así los unos hablan de las cosas de Indias como de cosas presentes, y los otros como de cosas ausentes. Para que esta diversidad de hablar no ofenda, me pareció advertir aquí la causa.

Libro primero

Capítulo I. De la opinión que algunos autores tuvieron, que el cielo no se extendía al Nuevo mundo

Estuvieron tan lejos los antiguos de pensar que hubiese gentes en este nuevo mundo, que muchos de ellos no quisieron creer que había tierra de esta parte; y lo que es más de maravillar, no faltó quien también negase haber acá este cielo que vemos. Porque aunque es verdad que los más y los mejores de los filósofos sintieron, que el cielo era todo redondo, como en efecto, lo es, y que así rodeaba por todas partes la tierra, y la encerraba en sí; con todo eso, algunos, y no pocos, ni de los de menos autoridad entre los sagrados doctores, tuvieron diferente opinión, imaginando la fábrica de este mundo a manera de una casa, en la cual el techo que la cubre, solo la rodea por lo alto, y no la cerca por todas partes; dando por razón de esto, que de otra suerte estuviera la tierra en medio colgada del aire, que parece cosa ajena de toda razón. Y también que en todos los edificios vemos que el cimiento está de una parte, y el techo de otra contraria; y así, conforme a buena consideración, en este gran edificio del mundo, todo el cielo estará a una parte encima, y toda la tierra a otra diferente debajo.

El glorioso Crisóstomo, como quien se había más ocupado en el estudio de las letras sagradas, que no en el de las ciencias humanas,[1] muestra ser de esta opinión, haciendo donaire en sus comentarios sobre la epístola ad Hebaeos, de los que afirman, que es el cielo todo redondo, y parécele que la divina Escritura[2] quiere dar a entender otra cosa, llamando al cielo tabernáculo y tienda, o toldo que puso Dios.

1 Chrisostomus, Hom. 14. et. 27. in Epist. ad Hebrae.
2 Hebrae. 8.

Y aún pasa allí el Santo[3] más adelante en decir, que no es el cielo el que se mueve y anda, sino que el Sol y la Luna y las estrellas son las que se mueven en el cielo, en la manera que los pájaros se mueven por el aire; y no como los filósofos piensan, que se revuelven con el mismo cielo, como los rayos con su rueda.

Van con este parecer de Crisóstomo Teodoreto, autor grave, y Teofilacto,[4] como suele casi en todo. Y Lactancio Firmiano,[5] antes de todos los dichos, sintiendo lo mismo, no se acaba de reír y burlar de la opinión de los peripatéticos y académicos que dan al cielo figura redonda, y ponen la tierra en medio del mundo, porque le parece cosa de risa que esté la tierra colgada del aire, como está tocado. Por donde viene a conformarse más con el parecer de Epicuro, que dijo no haber otra cosa de la otra parte de la tierra, sino un caos y abismo infinito. Y aun parece tirar algo a esto lo que dice San Jerónimo,[6] escribiendo sobre la epístola a los efesios, por estas palabras: El filósofo natural pasa con su consideración lo alto del cielo; y de la otra parte del profundo de la tierra y abismos halla un inmenso vacío. De Procopio refieren[7] aunque yo no lo he visto que afirma sobre el libro del Génesis, que la opinión de Aristóteles cerca de la figura y movimiento circular del cielo, es contraria y repugnante a la divina Escritura.

Pero que sientan y digan los dichos autores cosas como éstas, no hay que maravillarnos; pues es notorio, que no se curaron tanto de las ciencias y demostraciones de filosofía,

3 Ídem Crisost. Homil. 6.et. 13. in Genes. et Homil. 12. ad pop. Antioc.
4 Theodoretus et Theophilactus in cap. 8 ad Hebrae.
5 Lactant. lib. 3. divin. Instit. cap. 24.
6 Hieronymus in Epist. ad Ephesos. lib. 2. in cap. 4.
7 Sixtus Senensis, lib. 5. Biblioth, annot. 3.

atendiendo a otros estudios más importantes. Lo que parece más de maravillar, es que, siendo San Agustín tan aventajado en todas las ciencias naturales, y que en la Astrología y en la Física supo tanto; con todo eso se queda siempre dudoso, y sin determinarse en si el cielo rodea la tierra de todas partes, o no. Qué se me da a mí, dice él,[8] que pensemos que el cielo, como una bola, encierre en sí la tierra de todas partes, estando ella en medio del mundo, como en el fiel, o que digamos que no es así, sino que cubre el cielo a la tierra por una parte solamente, como un plato grande que está encima. En el propio lugar donde dice lo referido, da a entender, y aún lo dice claro, que no hay demostración, sino solo conjeturas, para afirmar que el cielo es de figura redonda. Y allí y en otras partes[9] tiene por cosa dudosa el movimiento circular de los cielos.

No se ha de ofender nadie, ni tener en menos los santos doctores de la Iglesia, si en algún punto de la filosofía y ciencias naturales sienten diferentemente de lo que está más recibido y aprobado por buena filosofía; pues todo su estudio fue conocer, y servir y predicar al Criador, y en esto tuvieron grande excelencia. Y como empleados del todo en esto, que es lo que importa, no es mucho que en el estudio y conocimiento de las criaturas, no hayan todas veces por entero acertado. Harto más ciertamente son de reprehender los sabios de este siglo, y filósofos vanos, que conociendo y alcanzando el ser y orden de estas criaturas, el curso y movimiento de los cielos, no llegaron los desventurados a conocer al Criador y Hacedor de todo esto; y ocupándose todos en estas hechuras, y obras de tanto primor, no subieron con el pensamiento a descubrir al Autor soberano, como la divi-

8 Augustin. lib. 2. de Genes. ad lit. cap. 9.
9 Augustin. in Psalm. 135.

na Sabiduría lo advierte;[10] o ya que conocieron al Criador y señor de todo,[11] no le sirvieron, y glorificaron como debían, desvanecidos por sus invenciones, cosa que tan justamente les arguye y acusa el Apóstol.

10 Sap. 13.
11 Rom. 1.

Capítulo II. Que el cielo es redondo por todas partes, y se mueve en torno de sí mismo

Mas viniendo a nuestro propósito, no hay duda sino que lo que el Aristóteles y los demás peripatéticos, juntamente con los estoicos, sintieron,[12] cuanto a ser el cielo todo de figura redonda, y moverse circularmente y en torno, es puntualmente tanta verdad, que la vemos con nuestros ojos los que vivimos, en el Pirú; harto más manifiesta por la experiencia, de lo que nos pudiera ser por cualquiera razón y demostración filosófica.

Porque para saber que el cielo es todo redondo, y que ciñe y rodea por todas partes la tierra, y no poner duda en ello, basta mirar desde este hemisferio aquella parte y región del cielo, que da vuelta a la tierra, la cual los antiguos jamás vieron. Basta haber visto y notado ambos a dos polos, en que el cielo se revuelve como en sus quicios, digo el polo ártico y septentrional, que ven los de Europa, y estotro antártico o austral —de que duda Agustino—,[13] cuando, pasada la línea equinoccial, trocamos el Norte con el Sur, acá en el Pirú. Basta finalmente haber corrido navegando más de sesenta grados de Norte a Sur, cuarenta de la una banda de la línea, y veintitrés de la otra banda; dejando por ahora el testimonio de otros que han navegado en mucha más altura, y llegado a casi sesenta grados al Sur.

¿Quién dirá que la nao Victoria, digna, cierto, de perpetua memoria, no ganó la victoria y triunfo de la redondez del mundo, y no menos de aquel tan vano vacío, y caos infinito que ponían los otros filósofos debajo de la tierra, pues dio vuelta al mundo, y rodeó la inmensidad del gran océano? ¿A

12 Plutarchus de placitis Philos. lib. 2. cap. 2.
13 August. 2 I. de Gen. ad lit. c. 10.

quién no le parecerá que con este hecho mostró, que toda la grandeza de la tierra, por mayor que se pinte, está sujeta a los pies de un hombre, pues la pudo medir?

Así que, sin duda, es el cielo de redonda y perfecta figura, y la tierra, abrazándose con el agua, hacen un globo o bola cabal, que resulta de los dos elementos, y tiene sus términos y límites, su redondez y grandeza. Lo cual se puede bastantemente probar y demostrar por razones de filosofía y de astrología, y dejando aparte aquellas sutiles, que se alegan comúnmente de que al cuerpo más perfecto (cual es el cielo) se le debe la más perfecta figura, que, sin duda, es la redonda: de que el movimiento circular no puede ser igual y firme, si hace esquina en alguna parte y se tuerce, como es forzoso si el Sol y Luna y estrellas no dan vuelta redonda al mundo. Mas dejando esto aparte, como digo, paréceme a mí que sola la Luna debe bastar, en este caso, como testigo fiel en el cielo; pues entonces solamente se oscurece y padece eclipse cuando acaece ponérsele la redondez de la tierra ex diámetro entre ella y el Sol, y así estorbar el paso a los rayos del Sol; lo cual cierto no podría ser si no estuviese la tierra en medio del mundo, rodeada de todas partes de los orbes celestes.

Aunque tampoco ha faltado quien ponga duda si el resplandor de la Luna se le comunica de la luz del Sol.[14] Mas ya esto es demasiado dudar, pues no se puede hallar otra causa razonable de los eclipses y de los llenos y cuartos de Luna, sino la comunicación del resplandor del Sol. También, si lo miramos, veremos que la noche ninguna otra cosa es sino la oscuridad causada de la sombra de la tierra, por pasársele el Sol a otra banda. Pues si el Sol no pasa por la otra parte de la tierra, sino que el tiempo de ponerse se torna haciendo

14 August. Epist. 109 ad Januarium, cap. 4.

esquina y torciendo, lo cual forzoso ha de conceder el que dice que el cielo no es redondo, sino que, como un plato, cubre la haz de la tierra; síguese claramente que no podrá hacer la diferencia que vemos de los días y noches, que en unas regiones del mundo son luengos y breves a sus tiempos y en otras son perpetuamente iguales.

Lo que el santo doctor Agustino escribe[15] en los libros de Genesi ad litteram, que se pueden salvar bien todas las oposiciones, y conversiones, y elevaciones, y caimientos, y cualesquiera otros aspectos y disposiciones de los planetas y estrellas, con que entendamos que se mueven ellas, estándose el cielo mismo quedo y sin moverse, bien fácil se me hace a mí de entenderlo, y se le hará a cualquiera, como haya licencia de fingir lo que se nos antojare, porque si ponemos, por caso, que cada estrella y planeta es un cuerpo por sí, y que le menea y lleva un ángel, al modo que llevó a Habacuch a Babilonia,[16] ¿quién será tan ciego que no vea que todas las diversidades que parecen de aspectos en los planetas y estrellas podrán proceder de la diversidad del movimiento que el que las mueve voluntariamente les da?

Empero no da lugar la buena razón a que el espacio y región por donde se fingen andar o volar las estrellas deje de ser elemental y corruptible, pues se divide y aparta cuando ellas pasan, que, cierto, no pasan por vacuo, y si la región en que las estrellas y planetas se mueven, es corruptible, también, ciertamente lo han de ser ellas de su naturaleza y, por el consiguiente, se han de mudar y alterar y, en fin, acabar. Porque, naturalmente, lo contenido no es más durable que su continente. Decir, pues, que aquellos cuerpos celestes son corruptibles, ni viene con lo que la Escritura dice en el

15 August. lib. 2. de Genes. ad lit. cap. 10.
16 Dan. 14.

salmo,[17] que los hizo Dios para siempre, ni, aun tampoco, dice bien con el orden y conservación de este universo. Digo más, que para confirmar esta verdad de que los mismos cielos son los que se mueven, y en ellos las estrellas andan en torno, podemos alegar con los ojos, pues vemos manifiestamente, que no solo se mueven las estrellas, sino partes y regiones enteras del cielo; no hablo solo de las partes lúcidas y resplandecientes, como es la que llaman vía láctea, que nuestro vulgar dice camino de Santiago, sino mucho más digo esto por otras partes oscuras y negras que hay en el cielo. Porque realmente vemos en él unas como manchas, que son muy notables, las cuales jamás me acuerdo haber echado de ver en el cielo cuando estaba en Europa, y acá, en este otro hemisferio, las he visto muy manifiestas. Son estas manchas de color y forma que la parte de la Luna eclipsada, y paréncensele en aquella negrura y sombrío. Andan pegadas a las mismas estrellas y siempre de un mismo tenor y tamaño, como con experiencia clarísima lo hemos advertido y mirado.

A alguno, por ventura, le parecerá cosa nueva, y preguntará de qué pueda proceder tal género de manchas en el cielo. Yo cierto no alcanzo hasta ahora más de pensar que, como la galaxia o vía láctea, dicen los filósofos, que resulta de ser partes del cielo más densas y opacas, y que por eso reciben más luz, así, también, por el contrario, hay otras partes muy raras y muy diáfanas o transparentes, y, como reciben menos luz, parecen partes más negras. Sea ésta, o no sea ésta, la causa (que causa cierta no puedo afirmarla), a lo menos en el hecho que haya las dichas manchas en el cielo, y que, sin discrepar, se menean con el mismo compás que las estrellas, es experiencia certísima y de propósito muchas

17 Psalm. 148, v. 6.

veces considerada. Infiérese de todo lo dicho que, sin duda ninguna, los cielos encierran en sí de todas partes la tierra, moviéndose siempre al derredor de ella, sin que haya para qué poner esto más en cuestión.

Capítulo III. Que la sagrada escritura nos da a entender que la tierra está en medio del mundo

Y aunque a Procopio Gaceo y a otros de su opinión les parezca que es contrario a la divina Escritura poner la tierra en medio del mundo y hacer el cielo todo redondo, mas en la verdad ésta no solo no es doctrina contraria, sino, antes, muy conforme a lo que las letras sagradas nos enseñan. Porque, dejando aparte que la misma Escritura[18] usa de este término muchas veces: la redondez de la tierra, y que en otra parte apunta que todo cuanto hay corporal es rodeado del cielo y como abarcado de su redondez; a lo menos aquello del Eclesiastés[19] no se puede dejar de tener por muy claro, donde dice: Nace el Sol y pónese, y vuélvese a su lugar, y allí tornando a nacer da vuelta por el mediodía y tuércese hacia el norte: rodeando todas las cosas anda el espíritu al derredor y vuélvese a sus mismos cercos.

En este lugar dice la paráfrasis y exposición de Gregorio el Neocesariense o el Nacianceno: El Sol, habiendo corrido toda la tierra, vuélvese, como en torno, hasta su mismo término y punto. Esto que dice Salomón y declara Gregorio, cierto no podía ser si alguna parte de la tierra dejase de estar rodeada del cielo. Y así lo entiende San Jerónimo,[20] escribiendo sobre la epístola a los efesios, de esta manera: Los más comúnmente afirman, conformándose con el Eclesiastés, que el cielo es redondo y que se mueve en torno, a manera de bola. Y es cosa llana que ninguna figura redonda tiene latitud, ni longitud, ni altura, ni profundo, porque es por todas partes igual y pareja, etcétera. Luego, según San

18 Aesther. 13 Sap. 1. 2. 7. 11. 18. Psal. 9. 17. 23. 39. 97. Job. 37.

19 Ecclesiast. 1. w. 5. 6.

20 Hieronym. In cap. 3, ad Ephes.

Jerónimo, lo que los más sienten del cielo que es redondo, no solo no es contrario a la Escritura, pero muy conforme con ella. Pues San Basilio[21] y San Ambrosio, que de ordinario le siguen en los libros llamados Hexamerón, aunque se muestran un poco dudosos en este punto, al fin, más se inclinan a conceder la redondez del mundo. Verdad es que, con la quinta sustancia que Aristóteles atribuye al cielo, no está bien San Ambrosio.[22]

Del lugar de la tierra y de su firmeza es cosa, cierto, de ver cuán galanamente y con cuánta gracia habla la divina Escritura, para causarnos gran admiración y no menor gusto de aquella inefable potencia y sabiduría del Criador. Porque en una parte nos refiere Dios[23] que él fue el que estableció las columnas que sustentan la tierra, dándonos a entender, como bien declara San Ambrosio,[24] que el peso inmenso de toda la tierra le sustentan las manos del divino poder, que así usa la Escritura[25] nombrar columnas del cielo y de la tierra, no cierto las del otro Atlante, que fingieron los poetas, sino otras propias de la palabra eterna de Dios, que con su virtud sostiene cielos y tierra.[26] Mas en otro lugar la misma divina Escritura,[27] para significarnos cómo la tierra está pegada y por gran parte rodeada del elemento del agua, dice galanamente: que asentó Dios la tierra sobre las aguas; y en otro lugar: que fundó la redondez de la tierra sobre la mar.

21 Basil. Homil. 1.Hexameron prop finem.
22 Ambros. lib. 1. Hexameron, cap. 4.
23 Psal. 74, v. 4.
24 Ambros. 1. Hexameron, cap. 6.
25 Job. 9, v. 6, et cap. 26, v. 11.
26 Heb. 1, v. 3.
27 Ps. 135, v. 6. Psalm. 23, v. 2.

Y aunque San Agustín[28] no quiere que se saque de este lugar, como sentencia de fe, que la tierra y agua hacen un globo en medio del mundo, y así pretende dar otra exposición a las sobredichas palabras del salmo; pero el sentido llano sin duda es el que está dicho, que es darnos a entender que no hay para qué imaginar otros cimientos ni estribos de la tierra, sino el agua, la cual, con ser tan fácil y mudable, la hace la sabiduría del supremo Artífice, que sostenga y encierre aquesta inmensa máquina de la tierra. Y dícese estar la tierra fundada y sostenida sobre las aguas y sobre el mar, siendo verdad que antes la tierra está debajo del agua, que no sobre el agua, porque a nuestra imaginación y pensamiento lo que está de la otra banda de la tierra que habitamos nos parece que está debajo de la tierra; y así el mar y aguas que ciñen la tierra por la otra parte imaginamos que están debajo y la tierra encima de ellas. Pero la verdad es que lo que es propiamente debajo siempre es lo que está más en medio del universo. Mas habla la Escritura conforme a nuestro modo de imaginar y hablar.

Preguntará alguno: pues la tierra está sobre las aguas, según la Escritura, ¿las mismas aguas sobre qué estarán, o qué apoyo ternán? Y si la tierra y agua hacen una bola redonda, ¿toda esta tan terrible máquina dónde se podrá sostener? A eso satisface en otra parte la divina Escritura,[29] causando mayor admiración del poder del criador: extiende, dice, al aquilón sobre vacío, y tiene colgada la tierra sobre no nada. Cierto galanamente lo dijo; porque realmente parece que está colgada sobre no nada la máquina de la tierra y agua, cuando se figura estar en medio del aire, como en efecto está.

28 August. in Psalm. 135.
29 Job. 26, v. 7.

Esta maravilla, de que tanto se admiran los hombres, aún la encarece más Dios preguntando al mismo Job:[30] ¿Quién echó los cordeles para la fábrica de la tierra? Dime si lo has pensado ¿o en qué cimiento están aseguradas sus bases? Finalmente, para que se acabase de entender la traza de este maravilloso edificio del mundo, el profeta David, gran alabador y cantor de las obras de Dios, en un salmo[31] que hizo a este propósito, dice así: Tú, que fundaste la tierra sobre su misma estabilidad y firmeza, sin que bambalee ni se trastorne para siempre jamás. Quiere decir la causa porque estando la tierra puesta en medio del aire no se cae, ni bambalea, es porque tiene seguros fundamentos de su natural estabilidad, la cual le dio su sapientísimo Criador para que en sí misma se sustente, sin que haya menester otros apoyos ni estribos.

Aquí, pues, se engaña la imaginación humana, buscando otros cimientos a la tierra, y procede el engaño de medir las obras divinas con las humanas. Así que no hay que temer, por más que parezca que esta tan gran máquina cuelga del aire, que se caiga o trastorne, que no se trastornará, como dijo el salmo[32] para siempre jamás. Con razón, por cierto, David, después de haber contemplado y cantado tan maravillosas obras de Dios, añade: Gozarse ha el señor en sus obras; y después: ¡Oh, qué engrandecidas son tus obras, señor! Bien parece que salieron todas de tu saber.

Yo, cierto, si he de decir lo que pasa, digo que, diversas veces que he peregrinado, pasando esos grandes golfos del mar océano, y caminando por estotras regiones de tierras tan extrañas, poniéndome a mirar y considerar la grandeza y extrañeza de estas obras de Dios, no podía dejar de sentir

30 Job. 38, v. 4, 5, 6.
31 Psalm. 103, v. 5.
32 Psalm. 103. V. 31.

admirable gusto, con la consideración de aquella soberana sabiduría y grandeza del Hacedor, que reluce en éstas sus obras tanto, que en comparación de esto todos los palacios de los reyes, y todas las invenciones humanas me parecen poquedad y vileza. ¡Oh, cuántas veces se me venía al pensamiento y a la boca aquello del salmo:[33] Gran recreación me habéis, señor, dado con vuestras obras, y no dejaré de regocijarme en mirar las hechuras de vuestras manos!

Realmente tienen las obras de la divina arte un no sé qué de gracia y primor como escondido y secreto, con que miradas una y otra y muchas veces causan siempre un nuevo gusto. Al revés de las obras humanas, que aunque estén fabricadas con mucho artificio, en haciendo costumbre de mirarse, no se tienen en nada, y aun cuasi causan enfado. Sean jardines muy amenos, sean palacios y templos galanísimos, sean alcázares de soberbio edificio, sean pinturas, o tallas, o piedras de exquisita invención y labor, tengan todo el primor posible; es cosa cierta y averiguada que, en mirándose dos o tres veces, apenas hay poner los ojos con atención, sino que luego se divierten a mirar otras cosas, como hartos de aquella vista. Mas la mar, si la miráis, o ponéis los ojos en un peñasco alto, que sale acullá con extrañeza, o el campo cuando está vestido de su natural verdura y flores, o el raudal de un río que corre furioso, y está sin cesar batiendo las peñas, y como bramando en su combate; y finalmente, cualesquiera obras de naturaleza, por más veces que se miren, siempre causan nueva recreación, y jamás enfada su vista, que parece, sin duda, que son como un convite copioso y magnífico de la divina sabiduría, que allí de callada, sin cansar jamás, apacienta y deleita nuestra consideración.

33 Psalm. 91, v. 5.

Capítulo IV. En que se responde a lo que se alega de la escritura contra la redondez del cielo

Mas volviendo a la figura del cielo, no sé de qué autoridades de la Escritura se haya podido colegir que no sea redondo, y su movimiento circular. Porque llamar San Pablo[34] al cielo un tabernáculo o tienda que puso Dios, y no el hombre, no veo que haga al caso, pues aunque nos digan que es tabernáculo puesto por Dios, no por eso hemos de entender que a manera de toldo cubre por una parte solamente la tierra y que está allí sin mudarse, como lo quisieron entender algunos. Trataba el Apóstol la semejanza, del tabernáculo antiguo de la ley, y a ese propósito dijo que el tabernáculo de la ley nueva de gracia es el cielo, en el cual entró el sumo sacerdote Jesucristo de una vez por su sangre, y de aquí infiere que hay tanta ventaja del nuevo tabernáculo al viejo, cuanto hay de diferencia entre el autor del nuevo, que es Dios, y el obrador del viejo, que fue hombre. Aunque es verdad que también el viejo tabernáculo se hizo por la sabiduría de Dios, que enseñó a su maestro Beseleél.[35] Ni hay para qué buscar en las semejanzas o parábolas o alegorías, que en todo y por todo cuadren a lo que se traen, como el bienaventurado Crisóstomo[36] a otro propósito lo advierte escogidamente.

La otra autoridad que refiere San Agustín, que alegan algunos, para probar que el cielo no es redondo, diciendo:[37] Extiende el cielo como piel, de donde infieren que no es redondo, sino llano en lo de arriba, con facilidad y bien responde el mismo santo doctor,[38] que en estas palabras del salmo

34 Heb. 8, v. 2, 5.
35 Exod. 36, v. 1.
36 Christ. in 20, c.
37 Psalm 103, v. 2.
38 August. 2, de Genes. ad lit. cap. 9.

no se nos da a entender la figura del cielo, sino la facilidad con que Dios obró un cielo tan grande, pues no le fue a Dios más difícil sacar una cubierta tan inmensa del cielo, que lo fuera a nosotros desplegar una piel doblada. O pretendió quizá darnos a entender la gran majestad de Dios, al cual sirve el cielo tan hermoso y tan grande, de lo que a nosotros nos sirve en el campo un toldo o tienda de pieles. Lo que un poeta galanamente declaró diciendo: El toldo del claro cielo. Lo otro que dice Isaías:[39] El cielo me sirve de silla, y la tierra de escabelo para mis pies; si fuéramos del error de los antropomorfitas, que ponían miembros corporales en Dios según su divinidad, pudiera darnos en qué entender para declarar cómo era posible ser la tierra escabelo de los pies de Dios, estando en medio del mundo, si hinche Dios todo el mundo, porque había de tener pies de una parte y de otra, y muchas cabezas al derredor, que es cosa de risa y donaire. Basta, pues, saber que en las divinas Escrituras no hemos de seguir la letra que mata, sino el espíritu que da vida, como dice San Pablo.[40]

39 Isaías 66, v. 1.
40 Cor. 3, v. 6.

Capítulo V. De la hechura y gesto del cielo del Nuevo Mundo

Cuál sea el gesto y manera de este cielo que está a la banda del sur, pregúntanlo muchos en Europa, porque en los antiguos no pueden leer cosa cierta, porque aunque concluyen eficazmente que hay cielo de esta parte del mundo; pero qué talle y hechura tenga no lo pudieron ellos alcanzar. Aunque es verdad que tratan mucho[41] de una grande y hermosa estrella que acá vemos, que ellos llaman Canopo. Los que de nuevo navegan a estas partes suelen escribir cosas grandes de este cielo; es, a saber, que es muy resplandeciente, y que tiene muchas y muy grandes estrellas. En efecto, las cosas de lejos se pintan muy engrandecidas. Pero a mí al revés me parece, y tengo por llano que a la otra banda del norte hay más número de estrellas y de más ilustre grandeza. Ni veo acá estrellas que excedan a la bocina y al carro. Bien es verdad que el crucero de acá es hermoso y de vista admirable. Crucero llamamos cuatro estrellas notables que hacen entre sí forma de cruz, puestas en mucha igualdad y proporción.

Creen los ignorantes que este crucero es el polo del sur porque ven a los marineros tomar el altura por el crucero de acá, como allá suelen por el norte, mas engáñanse. Y la razón porque lo hacen así los marineros es porque no hay de esta banda estrella fija que muestre al polo, al modo que allá la estrella del norte lo hace, y así toman la altura por la estrella que es el pie del crucero, la cual estrella dista del verdadero y fijo polo treinta grados, como la estrella del norte allá dista tres y algo más. Y así es más difícil de tomar acá la altura, porque la dicha estrella del pie del crucero ha de estar derecha, lo cual es solamente a un tiempo de la noche,

41 Plinius lib. 6, cap. 22.

que en diversas partes del año es a diferentes horas, y en mucho tiempo del año en toda la noche no llega a encumbrar, que es cosa disgustosa para tomar el altura. Y así los más diestros pilotos no se cuidan del crucero, sino por el astrolabio toman el Sol, y ven en él el altura en que se hallan: en lo cual se aventajan comúnmente los portugueses, como gente que tiene más curso de navegar, de cuantas naciones hay en el mundo. Hay también de esta parte del sur otras estrellas, que en alguna manera responden a las del norte. La vía láctea, que llaman, corre mucho y muy resplandecientes a esta banda, y vénse en ella aquellas manchas negras tan admirables, de que arriba hicimos mención; otras particularidades otros las dirán o advertirán con más cuidado; bástenos por ahora esto poco que habemos referido.

Capítulo VI. Que el mundo hacia ambos polos tiene tierra y mar

No está hecho poco, pues hemos salido con que acá tenemos cielo, y nos cobija como a los de Europa y Asia y África. Y de esta consideración nos aprovechamos a veces, cuando algunos o muchos de los que acá suspiran por España, y no saben hablar sino de su tierra, se maravillan y aun enojan con nosotros, pareciéndoles que estamos olvidados, y hacemos poco caso de nuestra común patria, a los cuales respondemos que por eso no nos fatiga el deseo de volver a España, porque hallamos que el cielo nos cae tan cerca por el Perú como por España. Pues, como dice bien San Jerónimo, escribiendo a Paulino, tan cerca está la puerta del cielo de Bretaña como de Jerusalén.

Pero ya que el cielo de todas partes toma al mundo en derredor, es bien que se entienda que no por eso se sigue que haya tierra de todas partes del mundo. Porque siendo así que los dos elementos de tierra y agua componen un globo o bola redonda, como los más y los mejores de los antiguos, según refiere Plutarco,[42] lo sintieron, y con demostraciones certísimas se prueba; podríase pensar que la mar ocupa toda la parte que cae al polo antártico o sur, de tal modo, que no deje lugar alguno a la tierra por aquella banda, según que San Agustín, doctamente arguye,[43] contra la opinión de los que ponen antípodas. No advierten, dice, que aunque se crea o se pruebe que el mundo es de figura redonda como una bola, no por eso está luego en la mano que por aquella otra parte del mundo esté la tierra descubierta y sin agua.

42 Plutarchus, lib. 3 de placitis Philosoph, c. 9, et 11.
43 August, lib. 16. de Civit, cap. 9.

Dice bien, sin duda, San Agustín en esto. Pero tampoco se sigue, ni se prueba lo contrario, que es no haber tierra descubierta al polo antártico, y ya la experiencia a los ojos lo ha mostrado ser así, que en efecto la hay. Porque aunque la mayor parte del mundo, que cae al dicho polo antártico, esté ocupada del mar, pero no es toda ella, antes hay tierra, de suerte que a todas partes del mundo la tierra y el agua se están como abrazando, y dando entrada la una a la otra. Que de verdad es cosa para mucho admirar y glorificar el arte del Criador soberano.

Sabemos por la Sagrada Escritura,[44] que en el principio del mundo fueron las aguas congregadas, y se juntaron en un lugar, y que la tierra con esto se descubrió. Y también las mismas sagradas letras nos enseñan que estas congregaciones de aguas se llamaron mar, y como ellas son muchas, hay de necesidad muchos mares. Y no solo en el Mediterráneo hay esta diversidad de mares, llamándose uno el Euxino, otro el Caspio, otro el Eritreo o Bermejo, otro el Pérsico, otro el de Italia, y otros muchos así; mas también el mismo océano grande, que en la divina Escritura se suele llamar abismo, aunque en realidad de verdad sea uno, pero en muchas diferencias y maneras, como respecto de este Perú y de toda la América es uno el que llaman mar del Norte, y otro el mar del Sur. Y en la India Oriental, uno es el mar Indico, otro el de la China.

Yo he advertido, así en lo que he navegado como en lo que he entendido de relaciones de otros, que nunca la mar se aparta de la tierra más de 1.000 leguas, sino que donde quiera, por mucho que corre el océano, no pasa de la dicha medida. No quiero decir que no se navegan más de 1.000 leguas del mar océano, que esto sería disparate, pues sabemos

44 Genes. 1. v. 9. 10.

que las naves de Portugal navegan cuatro tanto y más, y aun todo el mundo en redondo se puede navegar por mar, como en nuestro tiempo lo hemos ya visto, sin poderse dudar en ello. Mas lo que digo y afirmo es que en lo que hasta ahora está descubierto, ninguna tierra dista por línea recta de la tierra firme o islas que le caen más cerca, sino a lo sumo 1.000 leguas, y que así entre tierra y tierra nunca corre mayor espacio de mar, tomándolo por la parte que una tierra está más cercana de otra, porque del fin de Europa, y de África y de su costa no distan las Islas Canarias y las de las Azores, con las del Cabo Verde, y las demás en aquel paraje, más de 300 o 500 leguas a lo sumo de tierra firme.

De las dichas islas, haciendo discurso hacia la India Occidental, apenas hay 900 leguas hasta llegar a las islas que llaman Dominica, y las Vírgenes, y la Beata, y las demás. Y éstas van corriendo por su orden hasta las que llaman de Barlovento, que son de Cuba, y Española, y Boriquen. De éstas, hasta dar en la tierra firme apenas hay 200 o 300 leguas, y por partes, muy mucho menos. La tierra firme luego corre una cosa infinita desde la tierra de la Florida hasta acullá a la tierra de los Patagones, y por estotra parte del sur, desde el estrecho de Magallanes hasta el cabo Mendocino, corre una tierra larguísima, pero no muy ancha, y por donde más ancha es aquí en esta parte del Perú, que dista del Brasil obra de 1.000 leguas. En este mismo mar del sur, aunque no se halla ni sabe fin la vuelta del poniente, pero no ha muchos años que se descubrieron las islas que intitularon de Salomón, que son muchas y muy grandes y distan de este Perú como 800 leguas. Y porque se ha observado y se halla así, que donde quiera que hay islas, muchas y grandes, se halla no muy lejos tierra firme, de ahí viene que muchos, y yo con ellos, tienen opinión que hay cerca de las dichas islas de Salomón tierra firme grandísima, la cual responde a la nuestra América por parte del poniente, y sería posible que corriese por la altura del sur hacia el estrecho de Magallanes. La nueva Guinea se entiende que es tierra firme, y algunos doctos la pintan muy cerca de las islas de Salomón.

Así que es muy conforme a razón que aún está por descubrir buena parte del mundo. Pues ya por este mar del sur navegan también los nuestros a la China y Filipinas; y a la ida de acá allá no nos dicen que pasan más, largo mar que viniendo de España a estas Indias. Mas por donde se continúan y traban el un mar océano con el otro, digo el mar del Sur con el mar del Norte, por la parte del polo Antártico bien se sabe que es por el estrecho tan señalado de Magallanes, que está en altura de cincuenta y un grados. Pero si al otro lado del mundo al polo del norte también se continúan y corren estos dos mares, grande cosa es que muchos la han pesquisado; pero que yo sepa, nadie hasta ahora ha dado en ella, solamente por conjeturas, y no sé qué indicios, afirman algunos, que hay otro estrecho hacia el norte, semejante al de Magallanes. Para el intento que llevamos, bástanos hasta ahora saber de cierto que hay tierra de esta parte del sur, y que es tierra tan grande como toda la Europa y Asia, y aún África; y que a ambos polos del mundo se hallan mares y tierras abrazados entre sí, en lo cual los antiguos, como a quienes les faltaba experiencia, pudieron poner duda y hacer contradicción.

Capítulo VII. En que se reprueba la opinión de Lactancio, que dijo no haber antípodas

Pero ya que se sabe que hay tierra a la parte del sur o polo antártico, resta ver si hay en ella hombres que la habiten que fue en tiempos pasados una cuestión muy reñida. Lactancio Firmiano,[45] y San Agustín[46] hacen gran donaire de los que afirman haber antípodas, que quiere decir hombres que traen sus pies contrarios a los nuestros. Mas aunque en tenerlo por cosa de burla convienen estos dos autores: pero en las razones y motivos de su opinión van por muy diferentes caminos, como en los ingenios eran bien diferentes. Lactancio vase con el vulgo, pareciéndole cosa de risa decir que el cielo está en torno por todas partes, y la tierra está en medio, rodeada de él como una pelota; y así escribe en esta manera: ¿Qué camino lleva lo que algunos quieren decir, que hay antípodas, que ponen sus pisadas contrarias a las nuestras? ¿Por ventura hay hombre tan tonto que crea haber gentes que andan los pies arriba y la cabeza abajo? ¿y que las cosas que acá están asentadas, estén allá trastornadas colgando? ¿y que los árboles y los panes crecen allá hacia abajo? ¿y que las lluvias y la nieve y el granizo suben a la tierra hacia arriba? y después de otras palabras añade Lactancio aquestas: El imaginar al cielo redondo fue causa de inventar estos hombres antípodas colgados del aire. Y así, no tengo más que decir de tales filósofos, sino que en errando una vez, porfían en sus disparates, defendiendo los unos con los otros. Hasta aquí son palabras de Lactancio.

Mas por más que él diga, nosotros que habitamos al presente en la parte del mundo, que responde en contrario de la

45 Lactant. lib. 7, de divin. institut., cap. 23.
46 August., lib. 16. de Civit., cap. 9.

Asia, y somos sus antíctonos, como los cosmógrafos hablan, ni nos vemos andar colgando, ni que andemos las cabezas abajo y los pies arriba. Cierto es cosa maravillosa considerar, que al entendimiento humano por una parte no le sea posible percibir y alcanzar la verdad, sin usar de imaginaciones, y por otra tampoco le sea posible dejar de errar, si del todo se va tras la imaginación. No podemos entender que el cielo es redondo, como lo es, y que la tierra está en medio, sino imaginándolo. Mas si a esta misma imaginación no la corrige y reforma la razón, sino que se deja el entendimiento llevar de ella, forzoso hemos de ser engañados y errar. Por donde sacaremos con manifiesta experiencia, que hay en nuestras almas cierta lumbre del cielo, con la cual vemos y juzgamos aun las mismas imágenes y formas interiores, que se nos ofrecen para entender: y con la dicha lumbre interior aprobamos o desecharnos lo que ellas nos están diciendo. De aquí se ve claro, cómo el ánima racional es sobre toda naturaleza corporal; y cómo la fuerza y vigor eterno de la verdad, preside en el más alto lugar del hombre; y vese como muestra y declara bien que ésta su luz tan pura es participada de aquella suma y primera luz; y quien esto no lo sabe o lo duda, podemos bien decir que no sabe o duda si es hombre.

Así que si a nuestra imaginación preguntamos, qué le parece de la redondez del cielo, cierto no nos dirá otra cosa sino lo que dijo a Lactancio. Es a saber, que si es el cielo redondo, el Sol y las estrellas habrán de caerse cuando se trasponen, y levantarse cuando van al mediodía; y que la tierra está colgada en el aire; y que los hombres que moran de la otra parte de la tierra, han de andar pies arriba y cabeza abajo; y que las lluvias allí no caen de lo alto antes suben de abajo; y las demás monstruosidades, que aun decirlas provoca a risa. Mas si se consulta la fuerza de la razón, hará poco caso de todas estas pinturas vanas, y no escuchará a la imaginación más que a una vieja loca: y con aquella su entereza y gravedad, responderá, que es engaño grande fabricar en nuestra imaginación a todo el mundo a manera de una casa, en la cual está debajo de su cimiento la tierra, y encima de su techo está el cielo: y dirá también, que como en los animales siempre la cabeza es lo más alto y supremo del animal, aunque no todos los animales tengan la cabeza de una misma manera, sino unos puesta hacia arriba, como los hombres, otros atravesada, como los ganados, otros en medio, como el pulpo y la araña; así también el cielo donde quiera que esté, está arriba, y la tierra ni más ni menos, donde quiera que esté está debajo.

Porque siendo así, que nuestra imaginación está asida a tiempo y lugar, y el mismo tiempo y lugar no lo percibe universalmente, sino particularizado, de ahí le viene que cuando la levantan a considerar cosas que exceden y sobrepujan tiempo y lugar conocido, luego se cae: y si la razón no la sustenta y levanta, no puede un punto tenerse en pie. Y así veremos, que nuestra imaginación, cuando se trata de la creación del mundo, anda a buscar tiempo antes de criarse el mundo, y para fabricarse el mundo, también señala lugar, y no acaba de ver que se pudiese de otra suerte el mundo hacer; siendo verdad, que la razón claramente nos muestra, que ni hubo tiempo antes de haber movimiento, cuya medida es el tiempo, ni hubo lugar alguno antes del mismo universo, que encierra todo lugar. Por tanto el filósofo excelente Aristóteles, clara y brevemente satisface[47] al argumento que hacen contra el lugar de la tierra, tomado del modo nuestro de imaginar, diciendo con gran verdad, que en el mundo el

47 Aristótel. 1, de caelo, cap. 3.

mismo lugar es en medio y abajo, y cuanto más en medio está una cosa, tanto más abajo, la cual respuesta alegando Lactancio Firmiano, sin reprobarla con alguna razón, pasa con decir, que no se puede detener en reprobarla por la priesa que lleva a otras cosas.

Capítulo VIII. Del motivo que tuvo san Agustín para negar los antípodas

Muy otra fue la razón que movió a San Agustín, como de tan alto ingenio, para negar los antípodas. Porque la razón que arriba dijimos, de que andarían al revés los antípodas, el mismo santo doctor la deshace en su libro de los Predicamentos. Los antiguos, dice él,[48] afirman, que por todas partes está la tierra debajo y el cielo encima. Conforme a lo cual los antípodas, que según se dice, pisan al revés de nosotros, tienen también el cielo encima de sus cabezas. Pues entendiendo esto San Agustín tan conforme a buena filosofía, ¿qué será la razón por donde persona tan docta se movió a la contraria opinión?

Fue cierto el motivo que tuvo tomado de las entrañas de la sagrada teología, conforme a la cual nos enseñan las divinas letras, que todos los hombres del mundo descienden de un primer hombre, que fue Adán. Pues decir, que los hombres habían podido pasar al nuevo mundo, atravesando ese infinito piélago del mar océano, parecía cosa increíble y un puro desatino. Y en verdad, que si el suceso palpable, y experiencia de lo que hemos visto en nuestros siglos, no nos desengañará, hasta el día de hoy se tuviera por razón insoluble la dicha. Y ya que sabemos, que no es concluyente ni verdadera la dicha razón, con todo eso nos queda bien que hacer para darle respuesta, quiero decir, para declarar en qué modo, y por qué vía pudo pasar el linaje de los hombres acá, o cómo vinieron, y por dónde, a poblar estas Indias.

Y porque adelante se ha de tratar esto muy de propósito, por ahora bien será que oigamos lo que el santo doctor Agustino disputa de esta materia en los libros de la Ciudad

48 August. lib. Categoriarum cap. 10, in 1 tomo.

de Dios,[49] el cual dice así: Lo que algunos platican, que hay antípodas, esto es, gentes que habitan de la otra parte de la tierra, donde el Sol nace al tiempo que a nosotros se pone, y que las pisadas de éstos son al revés de las nuestras, esto no es cosa que se ha de creer. Pues no lo afirman por relación cierta que de ello tengan, sino solamente por un discurso de filosofía que hacen, con que concluyen que, estando la tierra en medio del mundo rodeada de todas partes del cielo, igualmente ha de ser forzosamente lugar más bajo siempre el que estuviere más en medio del mundo. Y después añade: De ninguna manera engaña la divina Escritura, cuya verdad en lo que refiere haber pasado se prueba bien, viendo cuán puntualmente sucede lo que profetiza que ha de venir. Y es cosa de disparate decir que de estas partes del mundo hayan podido hombres llegar al otro nuevo mundo, y pasar esa inmensidad del mar océano, pues de otra suerte no es posible haber allá hombres, siendo verdad que todos los hombres descienden de aquel primer hombre. Según esto toda la dificultad de San Agustín no fue otra sino la incomparable grandeza del mar océano. Y el mismo parecer tuvo San Gregorio Nacianceno afirmando, como cosa sin duda, que pasado el estrecho de Gibraltar es imposible navegarse el mar. En una epístola que escribe,[50] dice a este propósito: Estoy muy bien con lo que dice Píndaro, que después de Cádiz es la mar innavegable de hombres. Y él mismo, en la oración funeral que hizo a San Basilio, dice que a ninguno le fue concedido pasar el estrecho de Gibraltar navegando la mar. Y aunque es verdad que esto se tomó como por refrán del poeta Píndaro, que dice que así a sabios como a necios les está vedado saber lo que está adelante de Gibraltar; pero la misma origen

49 Lib. 16, cap. 9.
50 Nacianc. Epistol. 17, ad Posthumianum.

de este refrán da bien a entender cuán asentados estuvieron los antiguos en la dicha opinión; y, así, por los libros de los poetas, y de los historiadores, y de los cosmógrafos antiguos, el fin y términos de la tierra se ponen en Cádiz, la de nuestra España; allí fabrican las columnas de Hércules, allí encierran los términos del imperio romano, allí pintan los fines del mundo.

Y no solamente las letras profanas, más aún las sagradas, también hablan en esa forma, acomodándose a nuestro lenguaje, donde dicen[51] que se publicó el edicto de Augusto César, para que todo el mundo se empadronase; y de Alejandro el Magno, que extendió su imperio hasta los cabos de la tierra;[52] y en otra parte dicen:[53] Que el Evangelio ha crecido y hecho fruto en todo el mundo universo. Porque, por estilo usado, llama la Escritura todo el mundo a la mayor parte del mundo, que hasta entonces estaba descubierto y conocido. Ni el otro mar de la India oriental, ni este otro de la occidental, entendieron los antiguos que se pudiese navegar, y en esto concordaron generalmente. Por lo cual, Plinio, como cosa llana y cierta, escribe:[54] Los mares que atajan la tierra nos quitan de la tierra habitable la mitad por medio, porque ni de acá se puede pasar allá, ni de allá venir acá. Esto mismo sintieron Tulio y Macrobio, y Pomponio Mela, y finalmente fue el común parecer de los escritores antiguos.

51 Luc. 2.
52 Machab. 1.
53 Colos. 1.
54 Plinius lib. 2, cap. 69.

Capítulo IX. De la opinión que tuvo Aristóteles cerca del Nuevo Mundo, y qué es lo que le engañó para negarle

Hubo, demás de las dichas, otra razón también, por la cual se movieron los antiguos a creer que era imposible el pasar los hombres de allá a este nuevo mundo, y fue decir que, allende de la inmensidad del océano, era el calor de la región que llaman tórrida o quemada tan excesivo, que no consentía, ni por mar ni por tierra, pasar los hombres, por atrevidos que fuesen, de un polo al otro polo. Porque, aun aquellos filósofos que afirmaron ser la tierra redonda, como, en efecto, lo es, y haber hacia ambos polos del mundo tierra habitable, con todo eso negaron que pudiese habitarse del linaje humano la región que cae en medio, y se comprende entre los dos trópicos, que es la mayor de las cinco zonas o regiones en que los cosmógrafos y astrólogos parten el mundo. La razón que daban de ser esta zona tórrida inhabitable era el ardor del Sol, que siempre anda encima tan cercano y abrasa toda aquella región, y, por el consiguiente, la hace falta de aguas y pastos.

De esta opinión fue Aristóteles, que, aunque tan gran filósofo, se engañó en esta parte. Para cuya inteligencia será bien decir en qué procedió bien con su discurso y en qué vino a errar. Disputando, pues, el filósofo[55] del viento ábrego o sur, si hemos de entender que nace del mediodía o no, sino del otro polo contrario al norte, escribe en esta manera: La razón nos enseña que la latitud y ancho de la tierra que se habita tiene sus límites, pero no puede toda esta tierra habitable continuarse entre sí, por no ser templado el medio. Porque cierto es que en su longitud, que es de oriente a poniente, no tiene exceso de frío ni de calor, pero tiénele en su latitud,

55 Aristotel. 2. Meteor., cap. 5.

que es del polo a la línea equinoccial, y así podría, sin duda, andarse toda la tierra en torno por su longitud, si no lo estorbase en algunas partes la grandeza del mar que la ataja.

Hasta aquí no hay más que pedir en lo que dice Aristóteles, y tiene gran razón en que la tierra, por su longitud, que es de oriente a poniente, corre con más igualdad y más acomodada a la vida y habitación humana, que por su latitud, que es del norte al mediodía, y esto pasa así no solo por la razón que toca Aristóteles de haber la misma templanza del cielo de oriente a poniente, pues dista siempre igualmente del frío del norte y del calor del mediodía, sino por otra razón también, porque, yendo en longitud, siempre hay días y noches sucesivamente, lo cual, yendo en latitud, no puede ser, pues se ha de llegar forzoso a aquella región polar, donde hay una parte del año noche continuada que dure seis meses, lo cual para la vida humana es de grandísimo inconveniente.

Pasa más adelante el filósofo reprendiendo a los geógrafos que describían la tierra en su tiempo, y dice así: Lo que he dicho se puede bien advertir en los caminos que hacen por tierra y en las navegaciones de mar, pues hay gran diferencia de su longitud a su latitud. Porque el espacio que hay desde las columnas de Hércules, que es Gibraltar, hasta la India, oriental, excede en proporción más que de cinco a tres al espacio que hay desde la Etiopía hasta la laguna Meotis y últimos fines de los Seitas, y esto consta por la cuenta de jornadas y de navegación cuanto se ha podido hasta ahora con la experiencia alcanzar. Y tenemos noticia de la latitud que hay de la tórrida habitable hasta las partes de ella que no se habitan.

En esto se le debe perdonar a Aristóteles, pues en su tiempo no se había descubierto más de la Etiopía primera, que llaman exterior y cae junto a la Arabia Y África; la otra Etiopía, interior, no la supieron en su tiempo ni tuvieron noticia de aquella inmensa tierra que cae donde son ahora las tierras del Preste Juan, y mucho menos toda la demás tierra que cae debajo de la equinoccial y va corriendo hasta pasar el trópico de Capricornio y para en el Cabo de Buena Esperanza, tan conocido y famoso por la navegación de los portugueses. Desde el cual cabo, si se mide la tierra hasta pasada la Scitia y Tartaria, no hay duda sino que esta latitud y espacio será tan grande como la longitud y espacio que hay desde Gibraltar hasta la India oriental.

Es cosa llana que los antiguos ignoraron los principios del Nilo y lo último de la Etiopía, y por eso Lucano reprehende[56] la curiosidad de Julio César en querer inquirir el principio del Nilo, y dice en su verso:

> ¿Qué tienes tú, romano, que ponerte
> a inquirir del Nilo el nacimiento?

Y el mismo poeta hablando con el propio Nilo, dice:

> Pues es tu nacimiento tan oculto,
> que ignora el mundo todo cuyo seas.

Mas conforme a la Sagrada Escritura, bien se entiende que sea habitable aquella tierra, pues de otra suerte no dijera el profeta Sofonías,[57] hablando de la vocación al evangelio de aquellas gentes: De más allá de los ríos de Etiopía me traerán presentes los hijos de mis esparcidos, que así llama a los apóstoles. Pero, como está dicho, justo es perdonar al

56 Lucano 10. Pharsal.
57 Sophon. 3, v. 10.

filósofo por haber creído a los historiadores y cosmógrafos de su tiempo.

Examinemos ahora lo que se sigue: La una parte, dice, del mundo, que es la septentrional puesta al norte, pasada la zona templada es inhabitable por el frío excesivo; la otra parte, que está al mediodía, también es inhabitable en pasando del trópico por el excesivo calor. Mas las partes del mundo que corren pasada la India, de una banda, y pasadas las columnas de Hércules, de otra, cierto es que no se juntan entre sí, por atajarlas el gran mar océano. En esto postrero dice mucha verdad; pero añade luego: Por cuanto a la otra parte del mundo es necesario que la tierra tenga la misma proporción con su polo antártico, que tiene esta nuestra parte habitable con el suyo, que es norte. No hay duda sino que en todo ha de proceder el otro mundo como este de acá, en todas las demás cosas, y especialmente en el nacimiento y orden de los vientos; y después de decir otras razones que no hacen a nuestro caso, concluye Aristóteles diciendo: Forzoso hemos de conceder que el ábrego es aquel viento que sopla de la región que se abrasa de calor, y la tal región, por tener tan cercano al Sol, carece de aguas y de pastos.

Este es el parecer de Aristóteles: y cierto que apenas pudo alcanzar más la conjetura humana. De donde vengo, cuando lo pienso cristianamente, a advertir muchas veces cuán flaca y corta sea la filosofía de los sabios de este siglo en las cosas divinas, pues, aun en las humanas, donde tanto les parece que saben, a veces tan poco aciertan. Siente Aristóteles y afirma que la tierra que está a este polo del sur habitable es, según su longitud, grandísima, que es de oriente a poniente, y que, según su latitud, que es desde el polo del sur hasta la equinoccial, es cortísima. Esto es tan al revés de la verdad, que cuasi toda la habitación que hay a esta banda del polo antártico es, según la latitud, quiero decir, del polo a la línea, y por la longitud, que es de oriente a poniente, es tan pequeña, que excede y sobrepuja la latitud a la longitud en este nuevo orbe, tanto como diez exceden a tres, y aún más.

Lo otro, que afirma ser del todo inhabitable la región media, que llaman tórrida zona, por el excesivo calor, causado de la vecindad del Sol, y por esta causa carecer de aguas y pastos, esto todo pasa al revés. Porque la mayor parte de este nuevo mundo, y muy poblada de hombres y animales, está entre los dos trópicos en la misma tórrida zona; y de pastos y aguas es la región más abundante de cuantas tiene el mundo universo, y por la mayor parte es región muy templada, para que se vea que, aun en esto natural, hizo Dios necia la sabiduría de este siglo. En conclusión, la tórrida zona es habitable y se habita copiosísimamente, cuanto quiera que los antiguos lo tengan por imposible. Mas la otra zona o región, que cae entre la tórrida y la polar al sur, aunque por su sitio sea muy cómoda para la vida humana; pero son muy pocos los que habitan en ella, pues apenas se sabe de otra, sino del reino de Chile y un pedazo cerca del cabo de Buena Esperanza; lo demás tiénelo ocupado el mar océano.

Aunque hay muchos que tienen por opinión, y de mí confieso que no estoy lejos de su parecer, que hay mucha más tierra que no está descubierta, y que ésta ha de ser tierra firme opuesta a la tierra de Chile, que vaya corriendo al sur pasado el círculo o trópico de Capricornio. Y si la hay, sin duda es tierra de excelente condición, por estar en medio de los dos extremos y en el mismo puesto que lo mejor de Europa. Y cuanto a esto, bien atinada anduvo la conjetura de Aristóteles. Pero hablando de lo que hasta ahora está descubierto, lo que hay en aquel puesto es muy poca tierra, habiendo en la tórrida muchísima y muy habitada.

Capítulo X. Que Plinio y los más de los antiguos sintieron lo mismo que Aristóteles

El parecer de Aristóteles siguió a la letra Plinio, el cual dice así:[58] El temple de la región del medio del mundo, por donde anda de contino el Sol, y está abrasada como de fuego cercano, y toda quemada y como humeando. Junto a esta de en medio hay otras dos regiones de ambos lados, las cuales, por caer entre el ardor de ésta y el cruel frío de las otras dos extremas, son templadas. Mas estas dos templadas no se pueden comunicar entre sí por el excesivo ardor del cielo. Esta propia fue la opinión de los otros antiguos, la cual galanamente celebra el poeta en sus versos:[59]

Rodean cinco cintas todo el cielo:

De éstas, una con Sol perpetuo ardiente
tienen de quemazón bermejo el suelo.

Y el mismo poeta en otro cabo:[60]

Oyólo, si hay alguno que allá habite,
donde se tiende la región más larga,
que en medio de las cuatro el Sol derrite.

Y otro poeta aún más claro dice lo mismo:[61]

Son en la tierra iguales las regiones

58 Plinius, lib. 2, cap. 68.
59 Virgil. in Georgic.
60 AEneid.
61 Metamorph. Ovid. 1.

> a las del cielo; y de estas cinco, aquella
> que está en medio, no tiene poblaciones
> por el bravo calor.

Fundóse esta opinión común de los antiguos en una razón que les pareció cierta e inexpugnable. Veían que, en tanto era una región más caliente, cuando se acercaba más al mediodía. Y es esto tanta verdad, que en una misma provincia de Italia es la Pulla más cálida que la Toscana, por esa razón; y por la misma, en España es más caliente el Andalucía que Vizcaya, y esto en tanto grado, que, no siendo la diferencia de más de ocho grados, y aun no cabales, se tiene la una por muy caliente y la otra por muy fría. De aquí inferían por buena consecuencia, que aquella región que se allegase tanto al mediodía, que tuviese el Sol sobre su cabeza, necesariamente había de sentir un perpetuo y excesivo calor.

Demás de esto veían también que todas las diferencias que al año tiene, de primavera, estío, otoño, invierno, proceden de acercarse o alejarse el Sol. Y echando de ver que estando ellos aún bien lejos del trópico, a donde llega el Sol en verano, con todo eso, por írseles acercando, sentían terribles calores en estío, hacían su cuenta, que si tuvieran al Sol tan cerca de sí, que anduviera encima de sus cabezas, y esto por todo el discurso del año, fuera el calor tan insufrible, que, sin duda, se consumieran y abrasaran los hombres de tal exceso. Esta fue la razón que venció a los antiguos para tener por no habitable la región de en medio, que por eso llamaron tórrida zona. Y cierto que si la misma experiencia por vista de ojos no nos hubiera desengañado, hoy día dijéramos todos que era razón concluyente y matemática, porque veamos cuán flaco es nuestro entendimiento para alcanzar aún estas cosas naturales.

Mas ya podemos decir que a la buena dicha de nuestros siglos le cupo alcanzar aquellas dos grandes maravillas es, a saber, navegarse el mar océano con gran facilidad y gozar los hombres en la tórrida zona de lindísimo temple, cosas que nunca los antiguos se pudieron persuadir. De estas dos maravillas la postrera, de la habitación y cualidades de la tórrida zona, hemos de tratar, con ayuda de Dios, largamente en el libro siguiente. Y así, en éste será bien declarar la otra, del modo de navegar el océano, porque nos importa mucho para el intento que llevamos en esta obra. Pero, antes de venir a este punto, convendrá decir qué es lo que sintieron los antiguos de estas nuevas gentes que llamamos indios.

Capítulo XI. Que se halla en los antiguos alguna noticia de este nuevo mundo

Resumiendo lo dicho, queda que los antiguos o no creyeron haber hombres pasado el trópico de Canero, como San Agustín y Lactancio sintieron, o que, si había hombres, a lo menos no habitaban entre los trópicos, como lo afirman Aristóteles y Plinio, y antes que ellos, Parménides filósofo.[62] Ser de otra suerte lo uno y lo otro, ya está asaz averiguado. Mas todavía muchos con curiosidad preguntan si, de esta verdad que en nuestros tiempos es tan notoria, hubo en los pasados alguna noticia. Porque parece, cierto, cosa muy extraña, que sea tamaño este mundo nuevo, como con nuestros ojos le vemos, y que en tantos siglos atrás no haya sido sabido por los antiguos. Por donde, pretendiendo quizá algunos menoscabar en esta parte la felicidad de nuestros tiempos y oscurecer la gloria de nuestra nación, procuran mostrar que este nuevo mundo fue conocido por los antiguos, y realmente no se puede negar que haya de esto algunos rastros.

Escribe San Jerónimo,[63] en la epístola a los efesios: Con razón preguntamos qué quiera decir el Apóstol en aquellas palabras: En las cuales cosas anduvistes un tiempo según el siglo de este mundo, si quiere por ventura dar a entender que hay otro siglo que no pertenezca a este mundo, sino a otros mundos, de los cuales escribe Clemente en su epístola: El océano y los mundos que están allende del océano. Esto es de San Jerónimo. Yo cierto no alcanzo qué epístola sea ésta de Clemente, que San Jerónimo cita; pero ninguna duda tengo que lo escribió así San Clemente, pues lo alega San Jerónimo. Y claramente refiere San Clemente que, pasado el mar océano, hay otro mundo y aun mundos, como pasa,

62 Plutarch. 3, de placitis Philosoph, capítulo 11.
63 Hieronym. super, cap. 67.

en efecto, de verdad, pues hay tan excesiva distancia del un nuevo mundo al otro nuevo, quiero decir, de este Perú y India occidental a la India oriental y China.

También Plinio, que fue tan extremado en inquirir las cosas extrañas y de admiración, refiere en su Historia natural,[64] que Hannón, capitán de los cartagineses, navegó desde Gibraltar, costeando la mar, hasta lo último de Arabia, y que dejó escrita esta su navegación. Lo cual si es así, como Plinio lo dice, síguese claramente que navegó el dicho Hannón todo cuanto los portugueses hoy día navegan, pasando dos veces la equinoccial, que es cosa para espantar. Y según lo trae el mismo Plinio[65] de Cornelio Nepote, autor grave, el propio espacio navegó otro hombre llamado Eudoxo, aunque por camino contrario, porque, huyendo el dicho Eudoxo del rey de los Latiros, salió por el mar Bermejo al mar océano, y por él volteando llegó hasta el estrecho de Gibraltar, lo cual afirma el Cornelio Nepote haber acaecido en su tiempo.

También escriben autores graves, que una nave de cartaginenses, llevándola la fuerza del viento por el mar océano, vino a reconocer una tierra nunca hasta entonces sabida, y que, volviendo después a Cartago, puso gran gana a los cartaginenses de descubrir y poblar aquella tierra, y que el senado con riguroso decreto vedó la tal navegación, temiendo que con la codicia de nuevas tierras se menoscabase su patria. De todo esto se puede bien colegir que hubiese en los antiguos algún conocimiento del nuevo mundo; aunque particularizando a esta nuestra América, y toda esta India occidental, apenas se halla cosa cierta en los libros de los escritores antiguos. Mas de la India oriental, no solo de allende, sino también de aquende, que antiguamente era la más remota, por caminarse al contrario de ahora, digo que

64 Plinius, lib. 2, cap. 67.
65 Ídem. ibídem.

se halla mención, y no muy corta, ni muy oscura. Porque, ¿a quién no le es fácil hallar en los antiguos la Malaca, que llamaban Aurea Chersoneso? Y al cabo de Comorín, que se decía Promontorium Cori, ¿y la grande y célebre isla de Sumatra, por antiguo nombre tan celebrado, Taprobana? ¿Qué diremos de las dos Etiopías? ¿Qué de los Bracmanes? ¿Qué de la gran tierra de los Chinas? ¿Quién duda en los libros de los antiguos que traten de estas cosas no pocas veces?

Mas de las Indias occidentales no hallamos en Plinio que en esta navegación pasase de las islas Canarias, que él llama Fortunatas, y la principal de ellas dice[66] haberse llamado Canaria, por la multitud de canes o perros que en ella había. Pasadas las Canarias, apenas hay rastro en los antiguos de la navegación que hoy se hace por el golfo, que con mucha razón le llaman grande. Con todo eso se mueven muchos a pensar que profetizó Séneca el trágico de estas Indias occidentales, lo que leemos en su tragedia Medea[67] en sus versos anapésticos, que, reducidos al metro castellano, dicen así:

> Tras luengos años verná
> un siglo nuevo y dichoso,
> que al océano anchuroso,
> sus límites pasará.
> Descubrirán grande tierra,
> verán otro nuevo Mundo,
> navegando el gran profundo,
> que ahora el paso nos cierra.
> La Thule tan afamada
> como del mundo postrera,
> quedará en esta carrera
> por muy cercana contada.

66 Plinius, l. 6, c. 32.
67 Séneca in Medeo actu 2, in fine.

Esto canta Séneca en sus versos, y no podemos negar que al pie de la letra pasa así, pues los años luengos que dice, si se cuentan del tiempo del trágico, son al pie de mil cuatrocientos, y si del de Medea, son más de dos mil; que el océano anchuroso haya dado el paso, que tenía cerrado, y que se haya descubierto grande tierra, mayor que toda Europa y Asia, y se habite otro nuevo mundo, vémoslo por nuestros ojos cumplido, y en esto no hay duda. En lo que la puede con razón haber es en si Séneca adivinó o si, acaso, dio en esto su poesía. Yo, para decir lo que siento, siento que adivinó con el modo de adivinar que tienen los hombres sabios y astutos. Veía que ya en su tiempo se tentaban nuevas navegaciones y viajes por el mar; sabía bien, como filósofo, que había otra tierra opuesta del mismo ser, que llaman antíctona. Pudo con este fundamento considerar que la osadía y habilidad de los hombres en fin llegaría a pasar el mar océano, y, pasándole, descubrir nuevas tierras y otro mundo, mayormente siendo ya cosa sabida en tiempo de Séneca el suceso de aquellos naufragios que refiere Plinio, con que se pasó el gran mar océano.

Y que éste haya sido el motivo de la profecía de Séneca, parece lo dan a entender los versos que preceden, donde, habiendo alabado el sosiego y vida poco bulliciosa de los antiguos, dice así:

Mas ahora es otro tiempo,
y el mar de fuerza o de grado
ha de dar paso al osado,
y el pasarle es pasatiempo.

Y más abajo dice así:

Al alto mar proceloso
ya cualquier barca se atreve:
todo viaje es ya breve
al navegante curioso.
No hay ya tierra por saber,
no hay reino por conquistar,
nuevos muros ha de hallar
quien se piensa defender.
Todo anda ya trastornado,
sin dejar cosa en su asiento:
el mundo claro y exento
no hay ya en él rincón cerrado.
El indio cálido bebe
del río Araxis helado,
y el persa en Albis bañado,
y el Rhin más frío que nieve.

De esta tan crecida osadía de los hombres viene Séneca a conjeturar lo que luego pone, como el extremo a que ha de llegar, diciendo: Tras luengos años verna, etc., como está ya dicho.

Capítulo XII. Qué sintió Platón de esta India occidental

Mas si alguno hubo que tocase más en particular esta India occidental, parece que se le debe a Platón esa gloria, el cual, en su Timeo escribe así: En aquel tiempo no se podía navegar aquel golfo (y va hablando del mar Atlántico, que es el que está en saliendo del estrecho de Gibraltar), porque tenía cerrado el paso a la boca de las columnas de Hércules, que vosotros soléis llamar (que es el mismo estrecho de Gibraltar), y era aquella isla que estaba entonces junto a la boca dicha, de tanta grandeza, que excede a toda la África y Asia juntas. De esta isla había paso entonces a otras islas para los que iban a ellas, y de las otras islas se iba a toda la tierra firme, que estaba frontero de ellas, cercada del verdadero mar. Esto cuenta Cricias en Platón.

Y los que se persuaden que esta narración de Platón es historia, y verdadera historia, declarada en esta forma, dicen que aquella grande isla, llamada Atlantis, la cual excedía en grandeza a África y Asia juntas, ocupaba entonces la mayor parte del mar océano, llamado Atlántico, que ahora navegan los españoles, y que las otras islas que dice estaban cercanas a esta grande son las que hoy día llaman islas de Barlovento, es, a saber, Cuba, Española, San Juan de Puerto Rico, Jamaica y otras de aquel paraje. Y que la tierra firme que dice es la que hoy día se llama Tierra Firme, y este Perú y América. El mar verdadero que dice estar junto aquella tierra firme, declaran que es éste mar del sur, y que por eso se llama verdadero mar, porque en comparación de su inmensidad esotros mares mediterráneos, y aun el mismo Atlántico, son como mares de burla. Con ingenio cierto y delicadeza está explicado Platón por los dichos autores curiosos: con cuanta verdad y certeza, eso en otra parte se tratará.

Capítulo XIII. Que algunos han creído que en las Divinas escrituras Ofir signifique este nuestro Perú

No falta también a quien le parezca que en las sagradas letras hay mención de esta India occidental, entendiendo por el Ofir que ellas tanto celebran este nuestro Perú. Roberto Stéfano, o por mejor decir, Francisco Vatablo, hombre en la lengua hebrea aventajado, según nuestro preceptor, que fue discípulo suyo, decía, en los escolios sobre el capítulo nono del tercer libro de los Reyes,[68] escribe que la isla Española que halló Cristóbal Colón era el Ofir, de donde Salomón traía cuatrocientos y veinte, o cuatrocientos y cincuenta talentos de oro muy fino. Porque tal es el oro de Cibao que los nuestros traen de la Española. Y no faltan autores doctos que afirmen[69] ser Ofir este nuestro Perú, deduciendo el un nombre del otro, y creyendo que en el tiempo que se escribió el libro del Paralipomenon se llamaba Perú como ahora.

Fúndase en que refiere la Escritura[70] que se traía de Ofir oro finísimo y piedras muy preciosas, y madera escogidísima, de todo lo cual abunda, según dicen estos autores, el Perú. Mas a mi parecer está muy lejos el Perú de ser el Ofir, que la Escritura celebra.[71] Porque aunque hay en él copia de oro, no es en tanto grado que haga ventaja en esto a la fama de riqueza que tuvo antiguamente la India oriental. Las piedras tan preciosas, y aquella tan excelente madera, que nunca tal se vio en Jerusalén, cierto yo no lo veo, porque aunque hay esmeraldas escogidas, y algunos árboles de palo recio y oloroso; pero no hallo aquí cosa digna de aquel encarecimiento que pone la Escritura. Ni aun me parece que lleva

68 In 3, lib. Reg., cap. 10.
69 Arias Montanus in apparatu, in Phaleg., cap. 9.
70 Paralip., 9, 5. Reg. 10.
71 Paral. 8, 4. Reg. 22, 3. Reg. 9.

buen camino pensar que Salomón, dejada la India oriental riquísima, enviase sus flotas a esta última tierra. Y si hubiera venido tantas veces, más rastros fuera razón que halláramos de ello.

Mas la etimología del nombre Ofir, y reducción al nombre de Perú, téngolo por negocio de poca sustancia, siendo, como es cierto, que ni el nombre del Perú es tan antiguo ni tan general a toda esta tierra. Ha sido costumbre muy ordinaria en estos descubrimientos del nuevo mundo poner nombres a las tierras y puertos de la ocasión que se les ofrecía, y así se entiende haber pasado en nombrar a este reino Perú. Acá es opinión que de un río en que a los principios dieron los españoles, llamado por los naturales Pirú, intitularon toda esta tierra Pirú. Y es argumento de esto que los indios naturales del Perú ni usan ni saben tal nombre de su tierra. Al mismo tono parece afirmar que Sefer en la Escritura son estos Andes, que son unas sierras altísimas del Perú. Ni basta haber alguna afinidad o semejanza de vocablos, pues de esa suerte también diríamos que Yucatán es Yectán, a quien nombra la Escritura; ni los nombres de Tito y de Paulo que usaron los reyes Ingas de este Perú se debe pensar que vinieron de romanos o de cristianos, pues es muy ligero indicio para afirmar cosas tan grandes.

Lo que algunos escriben, que Tarsis y Ofir no eran en una misma navegación ni provincia, claramente se ve ser contra la intención de la Escritura, confiriendo el capítulo XXII del cuarto libro de los Reyes con el capítulo XX del segundo libro del Paralipomenon. Porque lo que en los Reyes dice que Josafat hizo flota en Asiongaber para ir por oro a Ofir, eso mismo refiere el Paralipomenon haberse hecho la dicha flota para ir a Tarsis. De donde claro se colige que en el propósito tomó por una misma cosa la Escritura a Tarsis y Ofir.

Preguntarme ha alguno a mí, según esto, qué región o provincia sea el Ofir adonde iba la flota de Salomón con marineros de Hirán, rey de Tiro y Sidón, para traerle oro; a do también, pretendiendo ir la flota del rey Josafat, padeció naufragio en Asiongaber, como refiere la Escritura.[72] En esto digo que me allego de mejor gana a la opinión de Josefo, en los libros de Antiquitatibus, donde dice que es provincia de la India oriental, la cual fundó aquel Ofir hijo de Yectán, de quien se hace mención en el Génesis:[73] y era esta provincia abundante de oro finísimo. De aquí procedió el celebrarse tanto el oro de Ofir o de Ofaz, y según algunos quieren decir, el obrizo es como el ofirizo, porque habiendo siete linajes de oro, como refiere San Jerónimo, el de Ofir era tenido por el más fino, así como acá celebramos el oro de Valdivia, o el de Carabaya. La principal razón que me mueve a pensar que Ofir está en la India oriental, y no en esta occidental, es porque no podía venir acá la flota de Salomón sin pasar toda la India oriental y toda la China y otro infinito mar; y no es verosímil que atravesasen todo el mundo para venir a buscar acá el oro, mayormente siendo esta tierra tal, que no se podía tener noticia de ella por viaje de tierra; y mostraremos después que los antiguos no alcanzaron el arte de navegar, que ahora se usa, sin el cual no podían engolfarse tanto. Finalmente, en estas cosas, cuando no se traen indicios ciertos, sino conjeturas ligeras, no obligan a creerse más de lo que a cada uno le parece.

72 Reg. 9, 4. Reg. 22.
73 Genes. 10.

Capítulo XIV. Qué significan en la escritura Tarsis y Ofir

Y si valen conjeturas y sospechas, las mías son que en la divina Escritura los vocablos de Ofir y de Tarsis las más veces no significan algún determinado lugar, sino que su significación es general cerca de los hebreos, como en nuestro vulgar el vocablo de Indias es general, porque el uso y lenguaje nuestro nombrando Indias es significar unas tierras muy apartadas, y muy ricas, y muy extrañas de las nuestras; y así los españoles igualmente llamamos Indias al Perú, y a México, y a la China, y a Malaca, y al Brasil; y de cualquier parte de éstas que vengan cartas decimos que son cartas de las Indias, siendo las dichas tierras y reinos de inmensa distancia y diversidad entre sí. Aunque tampoco se puede negar que el nombre de Indias se tome de la India oriental; y porque cerca de los antiguos esa India se celebraba por tierra remotísima, de ahí viene que estotra tierra tan remota, cuando se descubrió, la llamaron también India, por ser tan apartada como tenida por el cabo del mundo; y así llaman indios a los que moran en el cabo del mundo.

Al mismo modo me parece a mí que Tarsis en las divinas letras, lo más común no significa lugar ni parte determinada, sino unas regiones muy remotas; y al parecer de las gentes, muy extrañas y ricas. Porque lo que Josefo y algunos quieren decir, que Tarsis y Tarso es lo mismo en la Escritura, paréceme que con razón lo reprueba San Jerónimo,[74] no solo porque se escriben con diversas letras los dos dichos vocablos, teniendo uno aspiración y otro no, sino también porque muy muchas cosas que se escriben de Tarsis no pueden cuadrar a Tarso, ciudad de Cilicia. Bien es verdad que en alguna parte se insinúa en la Escritura que Tarsis cae

74 Hieron. ad Marcell. in 3, tom.

en Cilicia, pues se escribe así de Holofernes en el libro de Judith:[75] Y como pasase los términos de los Asirios, llegó a los grandes montes Ange (que por ventura es el Tauro),[76] los cuales montes caen a la siniestra de Cilicia, y entró en todos sus castillos, y se apoderó de todas sus fuerzas, y quebrantó aquella ciudad tan nombrada Melithi, y despojó a todos los hijos de Tarsis y a los de Ismael, que estaban frontero del desierto, y los que estaban al mediodía hacia tierra de Cellón, y pasó al Eufrates, etc. Mas, como he dicho, pocas veces cuadra a la ciudad de Tarso lo que se dice de Tarsis. Teodoreto[77] y otros, siguiendo la interpretación de los Setenta, en algunas partes ponen a Tarsis en África, y quieren decir que es la misma que fue antiguamente Cartago,[78] y ahora reino de Túnez. Y dicen que allá pensó hacer su camino Jonás, cuando la Escritura refiere que quiso huir del señor a Tarsis. Otros quieren decir que Tarsis es cierta región de la India, como parece sentir San Jerónimo.[79] No contradigo yo por ahora a estas opiniones pero afírmome en que no significa siempre una determinada región o parte del mundo. Los Magos que vinieron a adorar a Cristo cierto es que fueron de Oriente, y también se colige de la Escritura[80] que eran de Sabá, y de Epha, y de Madian; y hombres doctos sienten que eran de Etiopía, y de Arabia, y de Persia. Y de éstos canta el salmo y la Iglesia: Los reyes de Tarsis traerán presentes. Concedamos, pues, con San Jerónimo, que Tarsis es vocablo de muchos significados en la Escritura, y que unas veces se entiende por la piedra crisólito o jacinto; otras alguna cierta

75 Jud. 2. vv. 12, 13, 14.
76 Lege. Plin., 1. 5. C. 27.
77 Theodoretus, in 1. Jonae.
78 Arias Mont., Ibídem, et in Alphabeto apparatus.
79 Hieron. ad Marcellam.
80 Ps. 44. Isai. 60, v. 6.

región de la India; otras la mar, que tiene el color de jacinto cuando reverbera el Sol.

Pero con mucha razón el mismo santo doctor niega que fuese región de la India el Tarsis donde Jonás huía, pues saliendo de Jope era imposible navegar a la India por aquel mar; porque Jope, que hoy se llama Jafa, no es puerto del mar Bermejo, que se junta con el mar oriental Indico, sino del mar Mediterráneo, que no sale a aquel mar Indico: de donde se colige clarísimamente que la navegación que hacía la flota de Salomón[81] de Asiongaber (donde se perdieron las naves del rey Josafat) iba por el mar Bermejo a Ofir y a Tarsis; que lo uno y lo otro afirma expresamente la Escritura,[82] fue muy diferente de la que Jonás pretendió hacer a Tarsis. Pues es Asiongaber puerto de una ciudad de Idumea, puesta en el estrecho, que se hace donde el mar Bermejo se junta con el gran Océano.

De aquel Ofir, y de aquel Tarsis (sea lo que rnandaren) traían a Salomón oro, y plata, y marfil, y monos, y pavos, con navegación de tres años muy prolija. Todo lo cual sin duda era de la India oriental, que abunda de todas esas cosas, como Plinio largamente lo enseña, y nuestros tiempos lo prueban asaz. De este nuestro Perú no pudo llevarse marfil, no habiendo acá memoria de elefantes: oro y plata, y monos muy graciosos bien pudieran llevarse; pero en fin, mi parecer es que por Tarsis se entiende en la Escritura, comúnmente, o el mar grande, o regiones apartadísimas y muy extrañas; y así me doy a entender que las profecías que hablan de Tarsis, pues el espíritu de profecía lo alcanza todo, se pueden bien acomodar muchas veces a las cosas del nuevo orbe.

81 Reg. 22.
82 Paralip. 9. 3. Reg. 10.

Capítulo XV. De la profecía de Abdías que algunos declaran de estas Indias

No falta quien diga y afirme, que está profetizado en las divinas letras tanto antes, que este nuevo orbe había de ser convertido a Cristo, y esto por gente española.[83] A este propósito declaran el remate de la profecía de Abdías, que dice así: Y la transmigración de este ejército de los hijos de Israel, todas las cosas de los Cananeos hasta Sarepta; y la transmigración de Jerusalén, que está en el Bósforo,[84] poseerá las ciudades del austro; y subirán los salvadores al monte de Sión para juzgar el monte de Esaú; y será el reino para el señor. Esto es puesto de nuestra Vulgata así a la letra. Del hebreo leen los autores que digo en esta manera: Y la transmigración de este ejército de los hijos de Israel cananeos hasta Sarfat (que es Francia), y la transmigración de Jerusalén, que está en Sefarad (que es España) poseerá por heredad las ciudades del austro; y subirán los que procuran la salvación al monte de Sión para juzgar el monte de Esaú; y será el reino para el señor.

Mas por qué Sefarad, que San Jerónimo interpreta el Bósforo o estrecho, y los Setenta interpretan, Eufrata, signifique a España, algunos no alegan testimonio de los antiguos, ni razón que persuada más de parecerles así. Otros alegan a la paráfrasis caldaica, que lo siente así, y los antiguos rabinos que lo declaran de esta manera. Como a Sarfat, donde nuestra Vulgata y los Setenta tienen Sarepta, entienden por Francia. Y dejando esta disputa, que toca a pericia de lenguas, ¿qué obligación hay para entender por las ciudades de austro o de Nageb (como ponen los Setenta) las gentes del

83 Guido Boderianus in Epist. ad Philippum catholicum Reg. in 5. tom. sac. Bibl. Zumárraga in Hispanica historia.

84 Ludovicus Leon, Augustinianus, in Commentar, super Abdiam.

nuevo mundo? ¿Qué obligación también hay para entender la gente española, por la transmigración de Jerusalén en Sefarad? Si no es que tomemos a Jerusalén espiritualmente, y por ella entendamos la Iglesia. De suerte que el Espíritu Santo, por la transmigración de Jerusalén, que está en Sefarad, nos signifique los hijos de la santa Iglesia, que moran en los fines de la tierra o en los puertos: porque eso denota en lengua siriaca Sefarad, y viene bien con nuestra España, que según los antiguos es lo último de la tierra, y cuasi toda ella está rodeada de mar. Por las ciudades del austro o del sur puédense entender estas Indias, pues lo más de este mundo nuevo está al mediodía, y aun gran parte de él mira el polo del sur. Lo que se sigue: y subirán los que procuran la salvación al monte de Sión para juzgar el monte de Esaú, no es trabajoso de declarar, diciendo que se acogen a la doctrina y fuerza de la Iglesia santa los que pretenden deshacer los errores y profanidades de los gentiles: porque eso denota juzgar al monte de Esaú. Y síguese bien, que entonces será el reino no para los de España o para los de Europa, sino para Cristo nuestro señor.

Quien quisiere declarar en esta forma la profecía de Abdías no debe ser reprobado, pues es cierto que el Espíritu Santo supo todos los secretos tanto antes: y parece cosa muy razonable que de un negocio tan grande como es el descubrimiento y conversión a la fe de Cristo del nuevo mundo, haya alguna mención en las sagradas Escrituras. Isaías dice:[85] ¡Ay de las alas de las naos que van de la otra parte de la Etiopía! Todo aquel capítulo, autores muy doctos le declaran de las Indias, a quien me remito. El mismo profeta en otra parte dice[86] que los que fueren salvos de Israel, irán muy lejos a Tarsis, a islas muy remotas, y que convertirán al se-

85 Isaías 18, v. 1, juxta 70. Interpret.
86 Isaías 66, v. 19.

ñor muchas y varias gentes, donde nombra a Grecia, Italia y África y otras muchas naciones; y sin duda se puede bien aplicar a la conversión de estas gentes de Indias. Pues ya lo que el Salvador con tanto peso nos afirma, que se predicará el evangelio en todo el mundo,[87] y que entonces vendrá el fin, ciertamente declara que en cuanto dura el mundo hay todavía gentes a quien Cristo no esté anunciado. Por tanto debemos colegir que a los antiguos les quedó gran parte por conocer, y que a nosotros hoy día nos está encubierta no pequeña parte del mundo.

87 Math. 24, v. 14.

Capítulo XVI. De qué modo pudieron venir a Indias los primeros hombres, y que no navegaron de propósito a estas partes

Ahora es tiempo de responder a los que dicen que no hay antípodas, y que no se puede habitar esta región en que vivimos. Gran espanto le puso a San Agustín la inmensidad del océano para pensar que el linaje humano hubiese pasado a este nuevo mundo. Y pues por una parte sabemos de cierto que ha muchos siglos que hay hombres en estas partes, y por otra no podemos negar lo que la divina Escritura claramente enseña,[88] de haber procedido todos los hombres de un primer hombre, quedamos sin duda obligados a confesar que pasaron acá los hombres de allá de Europa, o de Asia, o de África; pero el cómo y por qué camino vinieron todavía los inquirimos y deseamos saber. Cierto no es de pensar que hubo otra arca de Noé en que aportasen hombres a Indias: ni mucho menos que algún ángel trajese colgados por el cabello, como el profeta Abacuch,[89] a los primeros pobladores de este mundo. Porque no se trata qué es lo que pudo hacer Dios, sino qué es conforme a razón y al orden y estilo de las cosas humanas. Y así se deben en verdad tener por maravillosas, y propias de los secretos de Dios ambas cosas: una que haya podido pasar el género humano tan gran inmensidad de mares y tierras; otra, que habiendo tan innumerables gentes acá, estuviesen ocultas a los nuestros tantos siglos. Porque, pregunto yo, ¿con qué pensamiento, con qué industria, con qué fuerza pasó tan copioso mar el linaje de los indios? ¿Quién pudo ser el inventor y movedor de pasaje tan extraño? Verdaderamente he dado y tomado conmigo y con otros en este punto por muchas veces, y jamás acabo de

88 Act. 17, v. 26.
89 Dan. 14, v. 35.

hallar cosa que me satisfaga. Pero en fin, diré lo que se me ofrece: y pues me faltan testigos a quien seguir, dejaréme ir por el hilo de la razón, aunque sea delgado, hasta que del todo se me desaparezca de los ojos.

Cosa cierta es que vinieron los primeros indios por una de tres maneras a la tierra del Pirú. Porqué o vinieron por mar o por tierra; y si por mar, o acaso o por determinación suya: digo acaso, echados con alguna gran fuerza de tempestad, como acaece en tiempos contrarios y forzosos: digo por determinación que pretendiesen navegar e inquirir nuevas tierras. Fuera de estas tres maneras, no me ocurre otra posible, si hemos de hablar según el curso de las cosas humanas, y no ponernos a fabricar ficciones poéticas y fabulosas: sino es que se le antoje a alguno buscar otra águila, como la de Ganimedes, o algún caballo con alas, como el de Perseo, para llevar los indios por el aire: o por ventura le agrada aprestar peces sirenas y nicolaos para pasarlos por mar. Dejando, pues, pláticas de burlas, examinemos por sí cada uno de los tres modos que pusimos; quizá será de provecho y de gusto esta pesquisa.

Primeramente parece que podríamos atajar razones con decir que de la manera que venimos ahora a las Indias, guiándose los pilotos por el altura y conocimiento del cielo, y con la industria de marear las velas conforme a los tiempos que corren, así vinieron y descubrieron y poblaron los antiguos pobladores de estas Indias. ¿Por qué no? ¿Por ventura, solo nuestro siglo y solos nuestros hombres han alcanzado este secreto de navegar el océano? Vemos que en nuestros tiempos se navega el océano para descubrir nuevas tierras, como pocos años ha navegó Álvaro Mendaña y sus compañeros, saliendo del puerto de Lima la vuelta del poniente, en demanda de la tierra que responde, leste oeste, al Perú; y al cabo de tres meses hallaron las islas que intitularon de Salomón, que son muchas y grandes; y es opinión muy fundada que caen junto a la nueva Guinea, o por lo menos tienen tierra firme muy cerca; y hoy día vemos que, por orden del rey y de su Consejo, se trata de hacer nueva jornada para aquellas islas. Y pues esto pasa así, ¿por qué no diremos que los antiguos con pretensión de descubrir la tierra que llaman antíctona opuesta a la suya, la cual había de haber según buena filosofía, con tal deseo se animaron a hacer viaje por mar, y no parar hasta dar con las tierras que buscaban?

Cierto ninguna repugnancia hay en pensar que antiguamente acaeció lo que ahora acaece. Mayormente que la divina Escritura refiere[90] que de los de Tiro y Sidón recibió Salomón maestros y pilotos muy diestros en la mar, y que con éstos se hizo aquella navegación de tres años. ¿A qué propósito se encarece el arte de los marineros y su ciencia y se cuenta navegación tan prolija de tres años si no fuera para dar a entender que se navegaba el gran océano por la flota de Salomón? No son pocos los que lo sienten así, y aún les parece que tuvo poca razón San Agustín de espantarse y embarazarse con la inmensidad del mar océano, pues pudo bien conjeturar de la navegación referida de Salomón, que no era tan difícil de navegarse.

Mas diciendo verdad, yo estoy de muy diferente opinión, y no me puedo persuadir que hayan venido los primeros Indios a este nuevo Mundo por navegación ordenada y hecha de propósito, ni aun quiero conceder que los antiguos hayan alcanzado la destreza de navegar, con que hoy día los hombres pasan el mar océano, de cualquiera parte a cualquiera otra que se les antoja, lo cual hacen con increíble presteza y certinidad, pues de cosa tan grande y tan notable no hallo rastros en toda la antigüedad. El uso de la piedra imán, y del aguja de marear, ni la topo yo en los antiguos, ni aun

90 Par. 9, 3. Reg. 10.

creo que tuvieron noticia de él: y quitado el conocimiento del aguja de marear, bien se ve que es imposible pasar el océano. Los que algo entienden de mar, entienden bien lo que digo. Porque así es pensar, que el marinero puesto en medio del mar sepa enderezar su proa a donde quiere, si le falta la aguja de marear, como pensar, que el que está sin ojos muestre con el dedo lo que está cerca, y lo que está lejos acullá en un cerro.

Es cosa de admiración, que una tan excelente propiedad de la piedra imán la hayan ignorado tanto tiempo los antiguos, y se haya descubierto por los modernos. Haberla ignorado los antiguos, claramente se entiende de Plinio,[91] que con ser tan curioso historiador de las cosas naturales, contando tantas maravillas de la piedra imán, jamás apunta palabra de esta virtud y eficacia, que es la más admirable, que tiene de hacer mirar al norte el hierro que toca. Como tampoco Aristóteles habló de ello, ni Teofrasto, ni Dioscórides, ni Lucrecio,[92] ni historiador, ni filósofo natural, que yo haya visto, aunque tratan de la piedra imán. Tampoco San Agustín toca en esto, escribiendo por otra parte muchas y maravillosas excelencias de la piedra imán, en los libros de la Ciudad de Dios.[93]

Y es cierto que cuantas maravillas se cuentan de esta piedra, todas quedan muy cortas respecto de esta tan extraña de mirar siempre al Norte, que es un gran milagro de naturaleza. Hay otro argumento también, y es, que tratando Plinio[94] de los primeros inventores de navegación, y refiriendo allí de los demás instrumentos y aparejos, no habla palabra del aguja de marear, ni de la piedra imán: solo dice, que el

91 Plin., 1, 36, c. 16, et lib. 34, cap. 14, et lib. 37, c. 4.
92 Dioscor., lib. 5, c. 105. Lucretius, lib. 6.
93 August., 1. 21, de Civit., c. 4, ubi multa de magnete.
94 Plin., lib. 7, cap. 56.

arte de notar las estrellas en la navegación salió de los de Fenicia.

No hay duda sino que los antiguos lo que alcanzaron del arte de navegar, era todo mirando las estrellas, y notando las playas, y cabos, y diferencias de tierras. Si se hallaban en alta mar, tan entrados que por todas partes perdiesen la tierra de vista, no sabían enderezar la proa por otro regimiento, sino por las estrellas, y Sol y Luna. Cuando esto faltaba, como en tiempo nublado acaece, regíanse por la cualidad del viento y por conjeturas del camino que habían hecho. Finalmente, iban por su tino, como en estas Indias también los indios navegan grandes caminos de mar guiados de sola su industria y tino. Hace mucho a este propósito lo que escribe Plinio[95] de los isleños de la Taprobana, que ahora se llama Sumatra, cerca del arte e industria con que navegaban, escribiendo en esta manera: Los de Taprobana no ven el norte, y para navegar suplen esta falta llevando consigo ciertos pájaros, los cuales sueltan a menudo, y como los pájaros por natural instinto vuelan hacia la tierra, los marineros enderezan su proa tras ellos. ¿Quién duda, si estos tuvieran noticia del aguja, que no tomaran por guías a los pájaros, para ir en demanda de la tierra?

En conclusión, basta por razón, para entender que los antiguos no alcanzaron este secreto de la piedra imán, ver que para cosa tan notable, como es el aguja de marear, no se halla vocablo latino, ni griego, ni hebraico. Tuviera sin falta algún nombre en estas lenguas cosa tan importante, si la conocieran. De donde se verá la causa, por qué ahora los pilotos para encomendar la vía al que lleva el timón, se sientan en lo alto de la popa, que es por mirar de allí el aguja, y antiguamente se sentaban en la proa, por mirar las diferencias de tierras y mares, y de allí mandaban la vía, como lo hacen

95 Plin., lib. 6, cap. 22.

también ahora muchas veces al entrar o salir de los puertos. Y por eso los griegos llamaban a los pilotos proritas, porque iban en la proa.

Capítulo XVII. De la propiedad y virtud admirable de la piedra imán para navegar; y que los antiguos no la conocieron

De lo dicho se entiende, que a la piedra imán se debe la navegación de las Indias, tan cierta y tan breve, que el día que hoy vemos muchos hombres, que han hecho viaje de Lisboa a Goa, y de Sevilla a México y a Panamá; y en estotro mar del sur hasta la China y hasta el estrecho de Magallanes: y esto con tanta facilidad como se va el labrador de su aldea a la villa. Ya hemos visto hombres que han hecho quince viajes, y aun dieciocho a las Indias: de otros hemos oído, que pasan de veinte veces las que han ido y vuelto, pasando ese mar océano, en el cual cierto no hallan rastro de los que han caminado por él, ni topan caminante a quien preguntar el camino. Porque, como dice el Sabio:[96] la nao corta el agua y sus ondas, sin dejar rastro por donde pasa, ni hacer senda en las ondas. Mas con la fuerza de la piedra imán se abre camino descubierto por todo el grande océano, por haberle el altísimo Criador comunicado tal virtud, que de solo tocarla el hierro, queda con la mira y movimiento al Norte, sin desfallecer en parte alguna del mundo.

Disputen otros e inquieran la causa de esta maravilla, y afirmen cuanto quisieren no sé qué simpatía; a mí más gusto me da, mirando estas grandezas, alabar aquel poder y providencia del sumo Hacedor, y gozarme de considerar sus obras maravillosas. Aquí cierto viene bien decir con Salomón a Dios:[97] ¡Oh, padre, cuya providencia gobierna a un palo, dando en él muy cierto camino por el mar, y senda muy segura entre las fieras ondas, mostrando juntamente que pudieras librar de todo, aunque fuese yendo sin nao por

96 Sap. 5, v. 10.
97 Sap. 14, vv. 3, 4, 5.

la mar! Pero porque tus obras no carezcan de sabiduría, por esto confían los hombres sus vidas de un pequeño madero, y atravesando el mar se han escapado en un barco. También aquello del Salmista[98] viene aquí bien: Los que bajan a la mar en naos haciendo sus funciones en las muchas aguas, esos son los que han visto las obras del señor, y sus maravillas en el profundo. Que cierto no es de las menores maravillas de Dios, que la fuerza de una pedrezuela tan pequeña mande en la mar, y obligue al abismo inmenso a obedecer, y estar a su orden. Esto, porque cada día acontece, y es cosa tan fácil, ni se maravillan los hombres de ello, ni aun se les acuerda de pensarlo; y por ser la franqueza tanta, por eso los inconsiderados la tienen en menos. Mas a los que bien lo miran, oblígales la razón a bendecir la sabiduría de Dios, y darle gracias por tan grande beneficio y merced.

Siendo determinación del cielo que se descubriesen las naciones de Indias, que tanto tiempo estuvieron encubiertas, habiéndose de frecuentar esta carrera, para que tantas almas viniesen en conocimiento de Jesucristo, y alcanzasen su eterna salud, proveyóse también del cielo de guía segura para los que andan este camino, y fue la guía el aguja de marear, y la virtud de la piedra imán. Desde qué tiempo haya sido descubierto y usado este artificio de navegar, no se puede saber con certidumbre. El no haber sido cosa muy antigua, téngolo para mí por llano. Porque además de las razones que en el capítulo pasado se tocaron, yo no he leído en los antiguos que tratan de relojes,[99] mención alguna de la piedra imán, siendo verdad que en los relojes de Sol portátiles que usamos, es el más ordinario instrumento el aguja tocada a la piedra imán. Autores nobles escriben en la

98 Ps. 106, vv. 23, 24.

99 Lib. 1, de Italiae Illust. Reg. 13. Plin., lib. 2, c. 72 et 76, lib. 7, cap. último.

historia de la India oriental,[100] que el primero que por mar la descubrió, que fue Vasco de Gama, topó en el paraje de Mozambique con ciertos marineros moros, que usaban el aguja de marear, y mediante ella navegaron aquellos mares. Mas de quien aprendieron aquel artificio, no lo escriben; antes algunos de estos escritores afirman lo que sentimos, de haber ignorado los antiguos este secreto.

Pero diré otra maravilla aun mayor de la aguja de marear, que se pudiera tener por increíble, si no se hubiera visto, y con clara experiencia tan frecuentemente manifestado. El hierro tocado y refregado con la parte de la piedra imán, que en su nacimiento mira al Sur, cobra virtud de mirar al contrario, que es el Norte, siempre y en todas partes; pero no en todas le mira por igual derecho. Hay ciertos puntos y climas, donde puntualmente mira al Norte, y se fija en él; en pasando de allí ladea un poco o al oriente o al poniente, y tanto más cuanto se va más apartando de aquel clima. Eso es lo que los marineros llaman nordestar y noruestar. El nordestar, es ladearse inclinando a levante; noruestar inclinando a poniente.

Esta inclinación o ladear del aguja importa tanto saberla, que aunque es pequeña, si no se advierte, errarán la navegación, e irán a parar a diferente lugar del que pretenden. Decíame a mí un piloto muy diestro, portugués, que eran cuatro puntos en todo el orbe, donde se fijaba la aguja con el Norte, y contábalas por sus nombres, de que no me acuerdo bien. Uno de estos es el paraje de las islas del Cuervo, en las Terceras o islas de Azores, como es cosa ya muy sabida. Pasando de allí a más altura, noruestea, que es decir que declina al poniente. Pasando al contrario a menos altura hacia el equinoccial nordestea, que es inclinar al oriente. Qué tanto y hasta dónde, diránlo los maestros de esta arte. Lo que yo

100 Osorius de reb. gest. Emmanuelis, lib. 1.

diré es, que de buena gana preguntaría a los bachilleres que presumen de saberlo todo, que sea, que me digan la causa de este efecto. Por qué un poco de hierro de fregarse con la piedra imán, concibe tanta virtud de mirar siempre al Norte, y esto con tanta destreza, que sabe los climas y posturas diversas del mundo, dónde se ha de fijar, dónde inclinar a un lado, dónde a otro, que no hay filósofo, ni cosmógrafo, que así lo sepa.

Y si de estas cosas, que cada día traemos al ojo, no podemos hallar la razón, y sin duda se nos hicieran duras de creer si no las viéramos tan palpablemente, ¿quién no verá la necedad y disparate que es querernos hacer jueces, y sujetar a nuestra razón las cosas divinas y soberanas? Mejor es, como dice Gregorio teólogo, que a la fe se sujete la razón, pues aun en su casa no sabe bien entenderse. Baste esta digresión, y volvamos a nuestro cuento, concluyendo que el uso de la aguja de mar no le alcanzaron los antiguos: de donde se infiere que fue imposible hacer viaje del otro mundo a éste por el océano, llevando intento y determinación de pasar acá.

Capítulo XVIII. En que se responde a los que sienten haberse navegado antiguamente el océano, como ahora

Lo que se alega en contrario de lo dicho, que la flota de Salomón navegaba en tres años, no convence, pues no afirman las sagradas letras, que se gastaban tres años en aquel viaje, sino que en cada tres años una vez se hacía viaje. Y aunque demos que durante tres años la navegación, pudo ser, y es más conforme a razón, que navegando a la India oriental, se detuviese la flota por la diversidad de puertos y regiones que iba reconociendo y tomando, como ahora todo el mar del sur se navega cuasi desde Chile hasta Nueva España; el cual modo de navegar, aunque tiene más certidumbre, por ir siempre a vista de tierra, es empero muy prolijo por el rodeo que de fuerza ha de hacer por las costas, y mucha dilación en diversos puertos.

Cierto, yo no hallo en los antiguos que se hayan arrojado a lo muy adentro del mar océano, ni pienso que lo que navegaron de él, fue de otra suerte, que lo que el día de hoy se navega del Mediterráneo. Por donde se mueven hombres doctos a creer, que antiguamente no navegaban sin remos, como quien siempre iba costeando la tierra. Y aún parece, lo da así a entender la divina Escritura cuando refiere aquella famosa navegación del profeta Jonás, donde dice,[101] que los marineros, forzados del tiempo, remaron a tierra.

101 Jon. 1.

Capítulo XIX. Que se puede pensar, que los primeros pobladores de Indias aportaron a ellas echados de tormenta, y contra su voluntad

Habiendo mostrado que no lleva camino pensar, que los primeros moradores de Indias hayan venido a ellas con navegación hecha para ese fin, bien se sigue, que si vinieron por mar, haya sido acaso, y por fuerza de tormentas, el haber llegado a Indias. Lo cual, por inmenso que sea el mar océano, no es cosa increíble. Porque, pues, así sucedió en el descubrimiento de nuestros tiempos, cuando aquel marinero (cuyo nombre aún no sabemos, para que negocio tan grande no se atribuya a otro autor, sino a Dios), habiendo por un terrible e importuno temporal reconocido el nuevo mundo, dejó por paga del buen hospedaje a Cristóbal Colón la noticia de cosa tan grande; así pudo ser, que algunas gentes de Europa, o de África antiguamente hayan sido arrebatadas de la fuerza del viento, y arrojadas a tierras no conocidas, pasado el mar océano. ¿Quién no sabe, que muchas, o las más de las regiones que se han descubierto en este nuevo mundo, ha sido por esta forma? ¿Qué se debe más a la violencia de temporales su descubrimiento, que a la buena industria de los que las descubrieron?

Y porque no se piense que solo en nuestros tiempos han sucedido semejantes viajes hechos por la grandeza de nuestras naves, y por el esfuerzo de nuestros hombres, podrá desengañarse fácilmente en esta parte, quien leyere lo que Plinio refiere[102] haber sucedido a muchos antiguos. Escribe, pues, de esta manera: Teniendo el cargo Gayo César, hijo de Augusto, en el mar de Arabia, cuentan haber visto y conocido señas de naves españolas, que habían padecido naufragio; y dice más después: Nepote refiere del rodeo septen-

102 Plin. 2 lib., cap. 69.

trional, que se trajeron a Quinto Metelo Célere, compañero en el consulado de Gayo Afranio (siendo el dicho Metelo procónsul en la Galia) unos indios presentados por el rey de Suevia: los cuales indios, navegando desde la India para sus contrataciones, por la fuerza de los temporales, fueron echados en Germania. Por cierto, si Plinio dice verdad, no navegan hoy día los portugueses más de lo que en aquellos dos naufragios se navegó, el uno desde España hasta el mar Bermejo, y el otro desde la India oriental hasta Alemania.

En otro libro escribe el propio autor[103] que un criado de Annio Plocanio, el cual tenía arrendados los derechos del mar Bermejo, navegando la vuelta de la Arabia, sobreviniendo nortes furiosos, en quince días vino pasada la Carmania, a tomar a Hippuros, puerto de la Taprobana, que hoy día llaman Sumatra. También cuentan, que una nao de cartagineses del mar de Mauritania fue arrebatada de brisas hasta ponerse a vista del nuevo orbe. No es cosa nueva para los que tienen alguna experiencia de mar, el correr a veces temporales forzosos, y muy porfiados, sin aflojar un momento de su furia. A mí me acaeció pasando a Indias, verme en la primera tierra poblada de españoles, en quince días después de salidos de las Canarias, y sin duda fuera más breve el viaje, si se dieran velas a la brisa fresca que corría. Así que me parece cosa muy verosímil que hayan, en tiempos pasados, venido a Indias hombres vencidos de la furia del viento, sin tener ellos tal pensamiento.

Hay en el Perú gran relación de unos gigantes que vinieron en aquellas partes, cuyos huesos se hallan, hoy día, de disforme grandeza, cerca de Manta, y de Puerto Viejo, y en proporción habían de ser aquellos hombres más que tres tanto mayores, que los indios de ahora. Dicen que aquellos gigantes vinieron por mar, y que hicieron guerra a los de tie-

103 Plin., lib. 6, cap. 22.

rra, y que edificaron edificios soberbios, y muestran hoy un pozo hecho de piedras de gran valor. Dicen más, que aquellos hombres haciendo pecados enormes, y especial usando contra natura, fueron abrasados y consumidos con fuego que vino del cielo. También cuentan los indios de lea, y los de Arica, que solían antiguamente navegar a unas islas al poniente, muy lejos, y la navegación era en unos cueros de lobo marino hinchados. De manera, que no faltan indicios de que se haya navegado la mar del sur, antes que viniesen españoles por ella.

Así que podríamos pensar, que se comenzó a habitar el nuevo orbe de hombres, a quien la contrariedad del tiempo, y la fuerza de nortes echó allá, como al fin vino a descubrirse en nuestros tiempos. Es así, y mucho para considerar, que las cosas de gran importancia de naturaleza por la mayor parte se han hallado acaso, y sin pretenderse, y no por la habilidad y diligencia humana. Las más de las yerbas saludables, las más de las piedras, las plantas, los metales, las perlas, el oro, el imán, el ámbar, el diamante y las demás cosas semejantes. Y así sus propiedades y provechos, cierto más se han venido a saber por casuales acontecimientos, que no por arte e industria de hombres, para que se vea, que el loor y gloria de tales maravillas se debe a la providencia del Criador, y no al ingenio de los hombres. Porque lo que a nuestro parecer sucede acaso, eso mismo lo ordena Dios muy sobrepensado.

Capítulo XX. Que con todo eso es más conforme a buena razón pensar que vinieron por tierra los primeros pobladores de Indias

Concluyo, pues, con decir que es bien probable de pensar, que los primeros aportaron a Indias por naufragio y tempestad de mar. Mas ofrécese aquí una dificultad, que me da mucho en qué entender, y es que ya que demos que hayan venido hombres por mar a tierras tan remotas, y que de ellos se han multiplicado las naciones que vemos; pero las bestias y alimañas, que cría el nuevo orbe, muchas y grande, no sé cómo nos demos maña a embarcarlas y llevarlas por mar a las Indias. La razón porque nos hallamos forzados a decir que los hombres de las Indias fueron de Europa o de Asia es, por no contradecir a la sagrada Escritura, que claramente enseña, que todos los hombres descienden de Adán, y así no podemos dar otro origen a los hombres de Indias. Pues la misma divina Escritura también nos dice,[104] que todas las bestias y animales de la tierra perecieron, sino las que se reservaron para propagación de su género, en el arca de Noé. Así también es fuerza reducir la propagación de todos los animales dichos a los que salieron del arca en los montes de Ararat, donde ella hizo pie; de manera que como para los hombres, así también para las bestias, nos es necesidad buscar camino, por donde hayan pasado del viejo mundo al nuevo.

San Agustín, tratando esta cuestión:[105] cómo se hallan en algunas islas lobos, y tigres y otras fieras, que no son de provecho para los hombres, porque de los elefantes, caballos, bueyes, perros y otros animales de que se sirven los hombres, no tiene embarazo pensar, que por industria de hom-

104 Genes. 7, vv. 21, 22, 23.
105 August., lib. 16 de Civit., cap. 7.

bres se llevaron por mar con naos, como los vemos hoy día, que se llevan desde oriente a Europa, y desde Europa al Perú con navegación tan larga; pero de los animales, que para nada son de provecho, y antes son de mucho daño, como son lobos, en qué forma hayan pasado a las islas, si es verdad, como lo es, que el diluvio bañó toda la tierra, tratándolo el sobredicho santo y doctísimo varón, procura librarse de estas angustias, con decir, que tales bestias pasaron a nado a las islas o alguno por codicia de cazar las llevó, o fue ordenación de Dios, que se produjesen, de la tierra, al modo que en la primera creación dijo Dios:[106] Produzca la tierra ánima viviente en su género, jumentos y animales rateros, y fieras del campo, según sus especies.

Mas cierto que si queremos aplicar esta solución a nuestro propósito, más enmarañado se nos queda el negocio. Porque comenzando de lo postrero, no es conforme al orden de naturaleza, ni conforme al orden del gobierno que Dios tiene puesto, que animales perfectos, como leones, tigres y lobos, se engendren de la tierra sin generación. De ese modo se producen ranas y ratones, y avispas y otros animales imperfectos. Mas ¿a qué propósito la Escritura tan por menudo dice:[107] Tomarás de todos los animales, y de las aves del cielo siete y siete, machos y hembras, para que se salve su generación sobre la tierra, si había de tener el mundo tales animales después del diluvio por nuevo modo de producción sin junta de macho y hembra? Y aún queda luego otra cuestión: ¿por qué naciendo de la tierra, conforme a esta opinión, tales animales, no los tienen todas las tierras, e islas, pues ya no se mira el orden natural de multiplicarse, sino sola la liberalidad del Criador?

106 Genes. 1, v. 24.
107 Genes. 7, vv. 2, 3.

Que hayan pasado algunos animales de aquellos por pretensión de tener caza, que era otra respuesta, no lo tengo por cosa increíble, pues vemos mil veces que para sola grandeza suelen príncipes y señores tener en sus jaulas leones, osos y otras fieras, mayormente cuando se han traído de tierras muy lejos. Pero esto creerlo de lobos y de zorras, y de otros tales animales bajos y sin provecho, que no tienen cosa notable, sino solo hacer mal a los ganados, y decir que para caza se trajeron por mar, por cierto es cosa muy sin razón. ¿Quién se podrá persuadir, que con navegación tan infinita, hubo hombres, que pusieron diligencia en llevar al Perú zorras, mayormente las que llaman añas, que es un linaje el más sucio y hediondo de cuantos he visto? ¿Quién dirá que trajeron leones y tigres? Harto es, y aun demasiado, que pudiesen escapar los hombres con las vidas en tan prolijo viaje, viniendo con tormenta, como hemos dicho, cuanto más tratar de llevar zorras y lobos, y mantenerlos por mar. Cierto es cosa de burla aun imaginarlo.

Pues si vinieron por mar estos animales, solo resta, que hayan pasado a nado. Esto ser cosa posible y hacedera, cuanto a algunas islas que distan poco de otras, o de la tierra firme, no se puede negar la experiencia cierta, con que vemos, que por alguna grave necesidad a veces nadan estos animales días y noches enteras, y al cabo escapan nadando; pero esto se entiende en golfillos pequeños. Porque nuestro océano haría burla de semejantes nadadores, pues aún a las aves de gran vuelo les faltan las alas para pasar tan gran abismo. Bien se hallan pájaros, que vuelen más de 100 leguas, como los hemos visto navegando diversas veces: pero pasar todo el mar océano volando es imposible, o a lo menos muy difícil. Siendo así todo lo dicho, ¿por dónde abriremos camino para pasar fieras y pájaros a las Indias?, ¿de qué manera pudieron ir del un mundo al otro?

Este discurso que he dicho, es para mí una gran conjetura para pensar que el nuevo orbe, que llamamos Indias, no está del todo diviso y apartado del otro orbe. Y por decir mi opinión, tengo para mí días ha, que la una tierra y la otra en alguna parte se juntan, y continúan, o a lo menos se avecinan y allegan mucho. Hasta ahora, a lo menos no hay certidumbre de lo contrario. Porque al polo ártico, que llaman norte, no está descubierta y sabida toda la longitud de la tierra: y no faltan muchos que afirmen, que sobre la Florida corre la tierra larguísimamente al septentrión, la cual dicen que llega hasta el mar Seítico, o hasta el Germánico. Otros añaden que ha habido nave que, navegando por allí, relató haber visto los Bacallaos correr hasta los fines cuasi de Europa. Pues ya sobre el cabo Mendocino en la mar del sur, tampoco se sabe hasta dónde corre la tierra, made que todos dicen que es cosa inmensa lo que corre. Volviendo al otro polo del sur, no hay hombre que sepa dónde para la tierra, que está de la otra banda del Estrecho de Magallanes. Una nao del obispo de Plasencia, que subió del Estrecho, refirió que siempre había visto tierra, y lo mismo contaba Hernando Lamero, piloto, que por tormenta pasó dos o tres grados arriba del estrecho. Así que ni hay razón en contrario, ni experiencia que deshaga mi imaginación, u opinión de que toda la tierra se junta, y continúa en alguna parte, a lo menos se allega mucho.

Si esto es verdad, como en efecto me lo parece, fácil respuesta tiene la duda tan difícil que habíamos propuesto: como pasaron a las Indias los primeros pobladores de ellas, porque se ha de decir, que pasaron, no tanto navegando por mar, como caminando por tierra; y ese camino lo hicieron muy sin pensar, mudando sitios y tierras poco a poco; y unos poblando las ya halladas, otros buscando otras de nuevo, vinieron por discurso de tiempo a henchir las tierras de Indias de tantas naciones y gentes y lenguas.

Capítulo XXI. En qué manera pasaron bestias y ganados a las tierras de Indias

Ayudan grandemente al parecer ya dicho los indicios que se ofrecen a los que con curiosidad examinan el modo de habitación de los indios. Porque dondequiera que se halla isla muy apartada de tierra firme, y también de otras islas, como es la Bermuda, hállase ser falta de hombres del todo. La razón es porque no navegaban los antiguos sino a playas cercanas, y cuasi siempre a vista de tierra. A esto se alega que en ninguna tierra de Indias se han hallado navíos grandes, cuales se requieren para pasar golfos grandes. Lo que se halla son balsas, o piraguas, o canoas, que todas ellas son menos que chalupas; y de tales embarcaciones solas usaban los indios, con las cuales no podían engolfarse sin manifiesto y cierto peligro de perecer; y cuando tuvieran navíos bastantes para engolfarse, no sabían de aguja, ni de astrolabio, ni de cuadrante. Si estuvieran dieciocho días sin ver tierra, era imposible no perderse, sin saber de sí. Vemos islas pobladísimas de indios, y sus navegaciones muy usadas; pero eran las que digo, que podían hacer indios en canoa o piraguas, y sin aguja de marear.

Cuando los indios que moraban en Tumbez vieron la primera vez nuestros españoles que navegaban al Pirú, y miraron la grandeza de las velas tendidas y los bajeles también grandes, quedaron atónitos: y como nunca pudieron pensar que eran navíos, por no haberlos vistos jamás de aquella forma y tamaño, dicen que se dieron a entender que debían de ser rocas y peñascos sobre la mar; y como veían que andaban, y no se hundían, estuvieron como fuera de sí de espanto gran rato, hasta que mirando más vieron unos hombres barbudos que andaban por los navíos, los cuales creyeron que debían ser algunos dioses, o gente de allá del cielo. Donde se ve bien cuán ajena cosa era para los indios usar naos grandes, ni tener noticia de ellas. Hay otra cosa que en gran manera persuade a la opinión dicha, y es que aquellas alimañas que dijimos no ser creíble haberlos embarcado hombres para las Indias se hallan en lo que es tierra firme, y no se hallan en las islas que disten de la tierra firme cuatro jornadas. Yo he hecho diligencia en averiguar esto, pareciéndome que era negocio de gran momento para determinarme en la opinión que he dicho, de que la tierra de Indias, y la de Europa y Asia y África tienen continuación entre sí, o a lo menos se llegan mucho en alguna parte.

Hay en la América y Perú muchas fieras, como son leones, aunque éstos no igualan en grandeza y braveza, y en el mismo color rojo a los famosos leones de África; hay tigres muchos, y muy crueles, aunque lo son más comúnmente con indios que con españoles; hay osos, aunque no tantos; hay jabalíes, hay zorras innumerables. De todos estos géneros de animales, si quisiéramos buscarlos en la isla de Cuba, o en la Española, o en Jamaica, o en la Margarita, o en la Dominica, no se hallará ninguno. Con esto viene que las dichas islas, con ser tan grandes y tan fértiles, no tenían antiguamente, cuando a ellas aportaron españoles, de esotros animales tampoco, que son de provecho; y ahora tienen innumerables manadas de caballos, de bueyes y vacas, de perros, de puercos; y es en tanto grado, que los ganados de vacas no tienen ya dueños ciertos, por haber tanto multiplicado, que son del primero que las desjarreta en el monte o campo: lo cual hacen los moradores de aquellas islas para aprovecharse de los cueros para su mercancía de corambre, dejando la carne por allí, sin comerla. Los perros han en tanto exceso multiplicado, que andan manadas de ellos; y hechos bravos hacen tanto mal al ganado, como si fueran lobos, que es un grave daño de aquellas islas.

No solo carecen de fieras, sino también de aves y pájaros en gran parte. Papagayos hay muchos, los cuales tienen gran vuelo y andan a bandas juntos; también tienen otros pájaros, pero pocos, como he dicho. De perdices no me acuerdo haber visto, ni sabido que las tengan, como las hay en el Perú, y mucho menos los que en el Perú llaman guanacos, y vicuñas, que son como cabras montesas ligerísimas, en cuyos buches se hallan las piedras bezaares, que precian algunos, y son a veces mayores que un huevo de gallina tanto y medio. Tampoco tienen otro género de ganado, que nosotros llamamos ovejas de las Indias, las cuales, demás de la lana y carne, con que se visten y mantienen los indios, sirven también de recua y jumentos para llevar cargas; llevan la mitad de la carga de una mula, y son de poco gasto a sus dueños, porque ni han menester herraduras, ni albardas, ni otros aparejos, ni cebada para su comer; todo esto les dio naturaleza sin costa, queriendo favorecer a la pobre gente de los indios.

De todos estos géneros de animales y de otros muchos que se dirán en su lugar, abunda la tierra firme de Indias; las islas de todos carecen, si no son los que han embarcado españoles. Verdad es que en algunas islas vido tigres un hermano nuestro, según él refería, andando en una peregrinación y naufragio trabajosísimo; mas preguntado qué tanto estarían de tierra firme aquellas islas, dijo que obra de 6 u 8 leguas a lo más, el cual espacio de mar, no hay duda, sino que pueden pasarle a nado los tigres. De estos indicios y de otros semejantes se puede colegir que hayan pasado los indios a poblar aquella tierra, más por camino de tierra que de mar; o si hubo navegación, que fue no grande, ni dificultosa, porque, en efecto, debe de continuarse el un orbe con el otro o a lo menos estar en alguna parte muy cercanos entre sí.

Capítulo XXII. Que no pasó el linaje de indios por la isla Atlántida, como algunos imaginan

No faltan algunos[108] que, siguiendo el parecer de Platón, que arriba referimos, dicen que fueron esas gentes de Europa o de África a aquella famosa isla y tan cantada Atlántida, y de ella pasaron a otras y otras islas, hasta llegar a la tierra firme de Indias. Porque de todo esto hace mención el Cricias de Platón en su Timeo. Porque si era la isla Atlántida tan grande como toda la Asia y África juntas, y aún mayor, como siente Platón, forzoso había de tomar todo el océano Atlántico y llegar cuasi a las islas del nuevo orbe. Y dice más Platón: que con un terrible diluvio se anegó aquella su isla Atlántida, y por eso dejó aquel mar imposibilitado de navegarse, por los muchos bajíos de peñas, y arrecifes, y de mucha lama, y que así lo estaba en su tiempo; pero que después con el tiempo hicieron asiento las ruinas de aquella isla anegada, y en fin, dieron lugar a navegarse.

Esto tratan y disputan hombres de buenos ingenios muy de veras, y son cosas tan de burla considerándose un poco, que más parecen cuentos, o fábulas de Ovidio que historia, o filosofía digna de cuenta. Los más de los intérpretes y expositores de Platón afirman que es verdadera historia todo aquello que allí Cricias cuenta de tanta extrañeza del origen de la isla Atlántida, y de su grandeza, y de su prosperidad, y de las guerras que los de Europa y los de Atlántida entre sí tuvieron con todo lo demás. Muévense a tenerlo por verdadera historia, por las palabras de Cricias que pone Platón, en que dice en su Timeo que la plática que quiere tratar es de cosas extrañas, pero del todo verdaderas. Otros discípulos de Platón, considerando que todo aquel cuento tiene más arte de fábula que de historia, dicen que todo aquello se

108 Sap., cap. 12.

ha de entender por alegoría, que así lo pretendió su divino filósofo. De éstos es Proclo, y Porfirio, y aun Orígenes: son éstos tan dados a Platón, que así tratan sus escritos, como si fuesen libros de Moisés o de Esdras; y así donde las palabras de Platón no vienen con la verdad, luego dan en que se han de entender aquello en sentido místico y alegórico y que no puede ser menos.

Yo, por decir verdad, no tengo tanta reverencia a Platón, por más que le llamen divino, ni aun se me hace muy difícil de creer que pudo contar todo aquel cuento de la isla Atlántida por verdadera historia, y pudo ser con todo eso muy fina fábula, mayormente que refiere él haber aprendido aquella relación de Cricias, que, cuando muchachos, entre otros cantares y romances, cantaba aquel de la Atlántida. Sea como quisieren, haya escrito Platón por historia, o haya escrito por alegoría, lo que para mí es llano, es, que todo cuanto trata de aquella isla, comenzando en el diálogo Timeo, y prosiguiendo en el diálogo Cricias, no se puede contar en veras, sino es a muchachos y viejas. ¿Quién no tendrá por fábula decir, que Neptuno se enamoró de Clito, y tuvo de ella cinco veces gemelos de un vientre?, ¿y que de un collado sacó tres redondos de mar, y dos de tierra, tan parejos que parecían sacados por torno? ¿Pues qué diremos de aquel templo de mil pasos en largo, y quinientos en ancho, cuyas paredes por defuera estaban todas cubiertas de plata, y todos los altos de oro, y por de dentro era todo de bóveda de marfil labrado, y entretejido de oro, plata y azófar? Y al cabo el donoso remate de todo, con que concluye en el Timeo diciendo: En un día y una noche, viniendo un grande diluvio, todos nuestros soldados se los trago la tierra a montones; y la isla Atlántida de la misma manera anegada en la mar desapareció.

Por cierto ella lo acertó mucho en desaparecer toda tan presto, porque siendo isla mayor que toda la Asia y África juntas, hecha por arte de encantamiento, fue bien que así desapareciese. Y es muy bueno que diga que las ruinas y señales de esta tan grande isla se echan de ver debajo del mar, y los que lo han de echar de ver, que son los que navegan, no pueden navegar por allí. Pues añade donosamente: Por eso hasta el día de hoy ni se navega, ni puede aquel mar, porque la mucha lama que la isla después de anegada poco a poco crió, lo impide. Preguntara yo de buena gana, ¿qué piélago pudo bastar a tragarse tanta infinidad de tierra, que era más que toda la Asia y África juntas, y que llegaba hasta las Indias? ¿Y tragársela tan del todo, que ni aun rastro no haya quedado? Pues es notorio que en aquel mar donde dicen había la dicha isla, no hallan fondo hoy día los marineros, por más brazas de sonda que den. Mas es inconsideración querer disputar de cosas que, o se contaron por pasatiempo, o ya que se tenga la cuenta que es razón con la gravedad de Platón, puramente se dijeron para significar, como en pintura, la prosperidad de una ciudad, y su perdición tras ella.

El argumento que hacen para probar que realmente hubo isla Atlántida, de que aquel mar hoy día se nombra mar Atlántico, es de poca importancia, pues sabemos que en la última Mauritania está el monte Atlante, del cual siente Plinio[109] que se le puso al mar el nombre de Atlántico. Y sin esto, el mismo Plinio refiere, que frontero del dicho monte está una isla llamada Atlántida, la cual dice ser muy pequeña y muy ruin.

109 Plin., 1. 6. c. 5. et lib. 6, cap. 31.

Capítulo XXIII. Que es falsa la opinión de muchos, que afirman venir los indios de el linaje de los judíos

Ya que por la isla Atlántida no se abre camino para pasar los indios al nuevo mundo, paréceles a otros que debió de ser el camino el que escribe Esdras[110] en el cuarto libro, donde dice así: Y porque le viste que recogía a sí otra muchedumbre pacífica, sabrás que éstos son los diez tribus que fueron llevados en cautiverio en tiempo del rey Osee, al cual llevó cautivo Salmanasar, rey de los Asirios y a éstos los pasó a la otra parte del río, y fueron trasladados a otra tierra. Ellos tuvieron entre sí acuerdo y determinación de dejar la multitud de los gentiles, y de pasarse a otra región más apartada, donde nunca habitó el género humano, para guardar siquiera allí su ley, la cual no habían guardado en su tierra. Entraron, pues, por unas entradas angostas del río Eúfrates; porque hizo el Altísimo entonces con ellos sus maravillas, y detuvo las corrientes del río, hasta que pasasen. Porque por aquella región era el camino muy largo de año y medio: y llámase aquella región Arsareth. Entonces habitaron allí hasta el último tiempo, y ahora cuando comenzaren a venir, tornará el Altísimo a detener otra vez las corrientes del río, para que puedan pasar; por eso viste aquella muchedumbre con paz.

Esta escritura de Esdras quieren algunos acomodar a los indios, diciendo que fueron de Dios llevados, donde nunca habitó el género humano, y que la tierra en que moran es tan apartada, que tiene año y medio de camino para ir a ella, y que esta gente es naturalmente pacífica. Que procedan los indios de linaje de judíos, el vulgo tiene por indicio cierto el ser medrosos y descaídos, y muy ceremoniáticos, y agudos y mentirosos. Demás de eso dicen, que su hábito parece el propio que usaban judíos, porque usan de una tú-

110 Esdras 13.

nica o camiseta, y de un manto rodeado encima; traen los pies descalzos, o su calzado es unas suelas asidas por arriba, que ellos llaman ojotas. Y que éste haya sido el hábito de los hebreos dicen, que consta así por sus historias, como por pinturas antiguas, que los pintan vestidos en este traje. Y que estos dos vestidos, que solamente traen los indios, eran los que puso en apuesta Sansón, que la Escritura[111] nombra tunicam et syndonem, y es lo mismo que los indios dicen camiseta y manta.

Mas todas estas son conjeturas muy livianas, y que tienen mucho más contra sí, que por sí. Sabemos que los hebreos usaron letras; en los indios no hay rastro de ellas: los otros eran muy amigos del dinero, éstos no se les da cosa. Los indios, si se vieran no estar circuncidados, no se tuvieran por judíos. Los indios poco ni mucho no se retajan, ni han dado jamás en esa ceremonia, como muchos de los de Etiopía y del oriente. Mas ¿qué tiene que ver, siendo los judíos tan amigos de conservar su lengua y antigüedad, y tanto que en todas las partes del mundo, que hoy viven, se diferencian de todos los demás, que en solas las Indias a ellos no se les haya olvidado su linaje, su ley, sus ceremonias, su Mesías, finalmente todo su judaísmo? Lo que dicen de ser los indios medrosos, y supersticiosos, y agudos y mentirosos, cuanto a lo primero, no es eso general a todos ellos; hay naciones entre estos bárbaros, muy ajenas de todo eso, hay naciones de indios bravísimos y atrevidísimos, haylas muy botas y groseras de ingenio. De ceremonias y supersticiones siempre los gentiles fueron amigos. El traje de sus vestidos, la causa porque es el que se refiere, es, por ser el más sencillo y natural del mundo, que apenas tiene artificio, y así fue común antiguamente no solo a hebreos, sino a otras muchas naciones.

111 Judie. 14.

Pues ya la historia de Esdras (si se ha de hacer caso de escrituras apócrifas) más contradice, que ayuda su intento. Porque allí se dice que los diez tribus huyeron la multitud de gentiles, por guardar sus ceremonias y ley; mas los indios son dados a todas las idolatrías del mundo. Pues las entradas del río Eúfrates, vean bien los que eso sienten, en qué manera pueden llegar al nuevo orbe y vean si han de tornar por allí los indios, como se dice en el lugar referido. Y no sé yo por qué se han de llamar éstos gente pacífica, siendo verdad, que perpetuamente se han perseguido con guerras mortales unos a otros. En conclusión, no veo que el Eúfrates apócrifo de Esdras dé mejor paso a los hombres para el nuevo orbe, que le deba la Atlántida encantada y fabulosa de Platón.

Capítulo XXIV. Por qué razón no se puede averiguar bien el origen de los indios

Pero cosa es mejor de hacer desechar lo que es falso del origen de los indios, que determinar la verdad, porque ni hay escritura entre los indios, ni memoriales ciertos de sus primeros fundadores. Y por otra parte, en los libros de los que usaron letras, tampoco hay rastro de el nuevo mundo, pues ni hombres ni tierra, ni aun cielo les pareció a muchos de los antiguos, que no había en aquestas partes: y así no puede escapar de ser tenido por hombre temerario y muy arrojado el que se atreviere a prometer lo cierto de la primera origen de los indios, y de los primeros hombres que poblaron las Indias.

Mas así a bulto y por discreción podemos colegir de todo el discurso arriba hecho, que el linaje de los hombres se vino pasando poco a poco, hasta llegar al nuevo orbe, ayudando a esto la continuidad o vecindad de las tierras, y a tiempos alguna navegación, y que éste fue el orden de venir, y no hacer armada de propósito, ni suceder algún grande naufragio: aunque también pudo haber en parte algo de esto; porque siendo aquestas regiones larguísimas, y habiendo en ellas innumerables naciones, bien podemos creer, que unos de una suerte, y otros de otra se vinieron en fin a poblar. Mas al fin, en lo que me resumo, es que el continuarse la tierra de Indias con esotras del mundo, a lo menos estar muy cercanas, ha sido la más principal y más verdadera razón de poblarse las Indias; y tengo para mí, que el nuevo orbe e Indias occidentales, no ha muchos millares de años que las habitan hombres, y que los primeros que entraron en ellas, más eran hombres salvajes y cazadores, que no gente de república, y pulida; y que aquéllos aportaron al nuevo mundo, por haberse perdido de su tierra o por hallarse estrechos y necesitados de buscar nueva tierra, y que hallándola comenzaron poco a poco a poblarla, no teniendo más ley que un poco de luz natural, y esa muy oscurecida, y cuando mucho algunas costumbres que les quedaron de su patria primera.

Aunque no es cosa increíble de pensar, que aunque hubiesen salido de tierras de policía, y bien gobernadas, se les olvidase todo con el largo tiempo, y poco uso; pues es notorio que aún en España y en Italia se hallan manadas de hombres, que si no es el gesto y figura, no tienen otra cosa de hombres. Así que por este camino vino a haber una barbaridad infinita en el nuevo mundo.

Capítulo XXV. Qué es lo que los indios suelen contar de su origen

Saber lo que los mismos indios suelen contar de sus principios y origen, no es cosa que importa mucho, pues más parecen sueños los que refieren, que historias. Hay entre ellos comúnmente gran pero no se puede bien determinar si noticia y mucha plática del diluvio; el diluvio que éstos refieren es el universal que cuenta la divina Escritura, o si fue algún otro diluvio o inundación particular de las regiones en que ellos moran, mas de que en aquestas tierras hombres expertos dicen que se ven señales claras de haber habido alguna grande inundación. Yo más me llego al parecer de los que sienten, que los rastros y señales que hay de diluvio no son del de Noé, sino de algún otro particular, como el que cuenta Platón, o el que los poetas cantan de Deucalión.

Como quiera que sea, dicen los indios que con aquel su diluvio se ahogaron todos los hombres y cuentan, que de la gran laguna Titicaca salió un Viracocha, el cual hizo asiento en Tiaguanaco, donde se ven hoy ruinas y pedazos de edificios antiguos y muy extraños, y que de allí vinieron al Cuzco, y así tornó a multiplicarse el género humano. Muestran en la misma laguna una isleta, donde fingen que se escondió y conservó el Sol y por eso antiguamente le hacían allí muchos sacrificios, no solo de ovejas, sino de hombres también. Otros cuentan, que de cierta cueva por una ventana salieron seis, o no sé cuantos hombres, y que éstos dieron principio a la propagación de los hombres, y es donde llaman Pacari Tampo por esta causa. Y así tienen por opinión que los Tambos son el linaje más antiguo de los hombres. De aquí, dicen, que procedió Mangocapa, al cual reconocen por el fundador y cabeza de los Ingas, y que de éste procedieron dos familias o linajes, uno de Hanan Cuzco, otro de Urin

Cuzco. Refieren que los reyes Ingas, cuando hacían guerra y conquistaban diversas provincias, daban por razón con que justificaban la guerra, que todas las gentes les debían reconocimiento, pues de su linaje y su patria se había renovado el mundo. Y así a ellos se les había revelado la verdadera religión y culto del cielo.

Mas ¿de qué sirve añadir más, pues todo va lleno de mentira, y ajeno de razón? Lo que hombres doctos afirman y escriben es, que todo cuanto hay de memoria y relación de estos indios llega a cuatrocientos años, y que todo lo de antes es pura confusión y tinieblas, sin poderse hallar cosa cierta. Y no es de maravillar, faltándoles libros y escritura, en cuyo lugar aquella su tan especial cuenta de los quipocamayos es harto y muy mucho, que pueda dar razón de cuatrocientos años. Haciendo yo diligencia para entender de ellos de qué tierras y de qué gente pasaron a la tierra en que viven, hallelos tan lejos de dar razón de esto, que antes tenían por muy llano, que ellos habían sido criados desde su primera origen en el mismo nuevo orbe donde habitan, a los cuales desengañamos con nuestra fe, que nos enseña, que todos los hombres proceden de un primer hombre.[112]

Hay conjeturas muy claras, que por gran tiempo no tuvieron estos hombres reyes, ni república concertada, sino que vivían por behetrías, como ahora los Floridos y los Chiriguanás, y los Brasiles, y otras naciones muchas, que no tienen ciertos reyes, sino conforme a la ocasión que se ofrece en guerra o paz, eligen sus caudillos, como se les antoja; mas con el tiempo algunos hombres que en fuerza y habilidad se aventajaban a los demás, comenzaron a señorear y mandar, como antiguamente Nembrot,[113] y poco a poco creciendo vinieron a fundar los reinos de Perú y de México, que nuestros

112 Act. 17, v. 26.
113 Gen. 10.

españoles hallaron, que aunque eran bárbaros, pero hacían grandísima ventaja a los demás indios. Así que la razón dicha persuade, que se haya multiplicado y procedido el linaje de los indios por la mayor parte de hombres salvajes y fugitivos. Y esto baste cuanto a lo que del origen de estas gentes se ofrece tratar, dejando lo demás para cuando se traten sus historias más por extenso.

Libro segundo

Capítulo I. Qué se ha de tratar de la naturaleza de la equinoccial

Estando la mayor parte del nuevo mundo que se ha descubierto, debajo de la región de en medio del cielo, que es la que los antiguos llaman tórrida zona, teniéndola por inhabitable, es necesario para saber las cosas de Indias, entender la naturaleza y condición de esta región. No me parece a mí que dijeron mal los que afirmaron, que el conocimiento de las cosas de Indias dependía principalmente del conocimiento de la equinoccial; porque cuasi toda la diferencia que tiene un orbe del otro, procede de las propiedades de la equinoccial.

Y es de notar, que todo el espacio que hay entre los dos trópicos, se ha de reducir y examinar como por regla propia por la línea de en medio, que es la equinoccial, llamada así, porque cuando anda el Sol por ella, hace en todo el universo mundo iguales noches y días y también porque los que habitan debajo de ella, gozan todo el año de la propia igualdad de noches y días. En esta línea equinoccial hallamos tantas y tan admirables propiedades, que con gran razón despiertan y avivan los entendimientos para inquirir sus causas, guiándonos no tanto por la doctrina de los antiguos filósofos, cuanto por la verdadera razón y cierta experiencia.

Capítulo II. Qué les movió a los antiguos a tener por cosa sin duda que la tórrida era inhabitable

Ahora, pues, tomando la cosa de sus principios, nadie puede negar lo que clarísimamente vemos, que el Sol con llegarse calienta, y con apartarse enfría. Testigos son de esto los días y las noches; testigos el invierno y el verano, cuya variación, y frío y calor se causa de acercarse, o alejarse el Sol. Lo segundo, y no menos cierto, cuanto se acerca más el Sol, y hiere más derechamente con sus rayos, tanto más quema la tierra. Vése claramente esto en el fervor del mediodía, y en la fuerza del estío.

De aquí se saca e infiere bien (a lo que parece), que en tanto será una tierra más fría, cuanto se apartare más del movimiento del Sol. Así experimentamos, que las tierras que se allegan más al septentrión y norte, son tierras más frías; y al contrario, las que se allegan más al zodíaco, donde anda el Sol, son más calientes. Por esta orden excede en ser cálida la Etiopía a la África y Berbería, y éstas al Andalucía, y Andalucía a Castilla y Aragón, y éstas a Vizcaya y Francia; y cuanto más septentrionales, tanto son éstas y las demás provincias menos calientes: y así por el consiguiente las que se van más llegando al Sol, y son heridas más derecho con sus rayos, sobrepujan en participar más el fervor del Sol. Añaden algunos otros razón para lo mismo, y es el movimiento del cielo, que dentro de los trópicos es velocísimo, y cerca de los polos tardísimo: de donde concluyen, que la región que rodea el zodíaco tiene tres causas para abrasarse de calor, una la vecindad del Sol, otra herirla derechos sus rayos, la tercera, participar el movimiento más apresurado del cielo.

Cuanto al calor y al frío lo que está dicho es lo que el sentido y la razón parece que de conformidad afirman. Cuanto a las otras dos cualidades, que son humedad y sequedad,

¿qué diremos? Lo mismo, sin falta, porque la sequedad parece causarla el acercarse el Sol, y la humedad el alejarse el Sol: porque la noche, como es más fría que el día, así también es más húmeda; el día como más caliente, así también más seco. El invierno, cuando el Sol está más lejos, es más frío y más lluvioso; el verano, cuando el Sol está más cerca, es más caliente y más seco. Porque el fuego así como va cociendo o quemando, así va juntamente enjugando y secando.

Considerando, pues, lo que está dicho, Aristóteles y los otros filósofos atribuyeron a la región media, que llaman tórrida, juntamente exceso de calor y de sequedad: y así dijeron, que era a maravilla abrasada y seca, y por el consiguiente del todo falta de aguas y pastos. Y siendo así, forzoso había de ser muy incómoda y contraria a la habitación humana.

Capítulo III. Que la tórrida zona es humedísima; y que en esto se engañaron mucho los antiguos

Siendo al parecer todo lo que se ha dicho y propuesto verdadero, y cierto y claro, con todo eso, lo que de ello se viene a inferir es muy falso; porque la región media, que llaman tórrida, en realidad de verdad la habitan hombres, y la hemos habitado mucho tiempo, y en su habitación muy cómoda y muy apacible. Pues si es así, y es notorio que de verdades no se pueden seguir falsedades, siendo falsa la conclusión, como lo es, conviene que tornemos atrás por los mismos pasos, y miremos atentamente los principios, en donde pudo haber yerro y engaño. Primero diremos cual sea la verdad, según la experiencia certísima nos la ha mostrado; y después probaremos, aunque es negocio muy arduo, a dar la propia razón conforme a buena filosofía.

Era lo postrero que se propuso arriba, que la sequedad tanto es mayor, cuanto el Sol está más cercano a la tierra. Esto parecía cosa llana y cierta; y no lo es, sino muy falsa, porque nunca hay mayores lluvias, y copia de aguas en la tórrida zona, que al tiempo que el Sol anda encima muy cercano. Es cierto cosa admirable y dignísima de notar, que en la tórrida zona aquella parte del año es más serena y sin lluvias, en que el Sol anda más apartado; y al revés, ninguna parte del año es más llena de lluvias, y nublados y nieves, donde ellas caen, que aquella en que el Sol anda más cercano y vecino. Los que no han estado en el nuevo mundo, por ventura ternán esto por increíble; y aún a los que han estado, si no han parado mientes en ello, también quizá les parecerá nuevo: mas los unos y los otros con facilidad se darán por vencidos, en advirtiendo a la experiencia certísima de lo dicho.

En este Perú, que mira al polo del sur, o antártico, entonces está el Sol más lejos, cuando está más cerca de Europa, como es en mayo, junio, julio, agosto, que anda muy cerca al trópico de Cancro. En estos meses dichos es grande la serenidad de el Perú: no hay lluvias, no caen nieves, todos los ríos corren muy menguados, y algunos se agotan. Mas después, pasando el año adelante, y acercándose el Sol al círculo de Capricornio, comienzan luego las aguas, lluvias y nieves, y grandes crecientes de los ríos, es a saber, desde octubre hasta diciembre. Y cuando volviendo el Sol de Capricornio hiere encima de las cabezas en el Perú, ahí es el furor de los aguaceros y grandes lluvias, y muchas nieves, y las avenidas bravas de los ríos, que es al mismo tiempo que reina el mayor calor del año, es a saber, desde enero hasta mediado marzo. Esto pasa así todos los años en esta provincia del Perú, sin que haya quien contradiga. En las regiones que miran al polo ártico pasada la equinoccial, acaece entonces todo lo contrario, y es por la misma razón, ora tomemos a Panamá y toda aquella costa, ora la nueva España, ora las islas de Barlovento, Cuba, Española, Jamaica, San Juan de Puerto Rico, hallaremos sin falta que desde principio de noviembre hasta abril, gozan del cielo sereno y claro; y es la causa, que el Sol, pasando la equinoccial hacia el trópico de Capricornio, se aparta entonces de las dichas regiones más que en otro tiempo del año. Y por el contrario, en las mismas tierras vienen aguaceros bravos, y muchas lluvias, cuando el Sol se torna hacia ellas, y les anda más cerca, que es desde junio hasta septiembre, porque las hiere más cerca y más derechamente en esos meses.

Lo mismo está observado en la India oriental, y por la relación de las cartas de allá parece ser así. Así que es la regla general, aunque en algunas partes por especial causa padezca excepción, que en la región media o tórrida zona, que todo es uno, cuando el Sol se aleja, es el tiempo sereno y hay más sequedad: cuando se acerca, es lluvioso y hay más humedad, y conforme al mucho o poco apartarse el Sol, así es tener la tierra más o menos copia de aguas.

Capítulo IV. Que fuera de los trópicos es al revés que en la tórrida, y así hay más aguas cuando el sol se aparta más

Fuera de los trópicos acaece todo lo contrario, porque las lluvias con los fríos andan juntas, y el calor con la sequedad. En toda Europa es esto muy notorio y en todo el mundo viejo. En todo el mundo nuevo pasa de la misma suerte; de lo cual es testigo todo el reino de Chile, el cual por estar ya fuera del círculo de Capricornio, y tener tanta altura como España, pasa por las mismas leyes de invierno y verano, excepto que el invierno es allá cuando en España verano; y al revés, por mirar al polo contrario, y así en aquella provincia vienen las aguas con gran abundancia juntas con el frío, al tiempo que el Sol se aparta más de aquella región, que es desde que comienza abril hasta todo septiembre. El calor y la sequedad vuelven cuando el Sol se vuelve a acercar allá; finalmente pasa al pie de la letra lo mismo que en Europa.

De ahí procede, que así en los frutos de la tierra, como en ingenios, es aquella tierra más allegada a la condición de Europa, que otra de aquestas Indias. Lo mismo por el mismo orden, según cuentan, acaece en aquel gran pedazo de tierra, que más adelante de la interior Etiopía se va alargando, al modo de punta, hasta el cabo de Buena Esperanza. Y así dicen ser esta la verdadera causa de venir el tiempo de estío las inundaciones del Nilo, de las cuales tanto los antiguos disputaron. Porque aquella región comienza por abril, cuando ya el Sol pasa del signo de Aries, a tener aguas de invierno, que lo es ya allí, y estas aguas, que parte proceden de nieves, parte de lluvias, van hinchendo aquellas grandes lagunas, de las cuales, según la verdadera y cierta Geografía, procede el Nilo; y así van poco a poco ensanchando sus corrientes, y al cabo de tiempo, corriendo larguísimo trecho vienen a inundar a Egipto al tiempo del estío, que parece cosa contra naturaleza, y es muy conforme a ella. Porque al mismo tiempo es estío en Egipto, que está al trópico de Cancro, y es fino invierno en las fuentes y lagunas del Nilo, que están al otro trópico de Capricornio.

Hay en la América otra inundación muy semejante a esta del Nilo, y es en el Paraguay, o Río de la Plata por otro nombre, el cual cada año, cogiendo infinidad de aguas, que se vierten de las sierras del Perú, sale tan desaforadamente de madre, y baña tan poderosamente toda aquella tierra, que les es forzoso a los que habitan en ella por aquellos, meses pasar su vida en barcos, o canoas dejando las poblaciones de tierra.

Capítulo V. Que dentro de los trópicos las aguas son en el estío o tiempo de calor; y de la cuenta del verano e invierno

En resolución, en las dos regiones, o zonas templadas, el verano se concierta con el calor y la sequedad: el invierno se concierta con el frío y humedad. Mas dentro de la tórrida zona no se conciertan entre sí de ese modo las dichas cualidades. Porque al calor siguen las lluvias; al frío (frío llamo falta de calor excesivo) sigue la serenidad. De aquí procede, que siendo verdad que en Europa el invierno se entiende por el frío y por las lluvias, y el verano por la calor y por la serenidad, nuestros españoles en el Perú y Nueva España, viendo que aquellas dos cualidades no se aparean, ni andan juntas como en España, llaman invierno al tiempo de muchas aguas, y llaman verano al tiempo de pocas, o ningunas. En lo cual llanamente se engañan; porque por esta regla dicen, que el verano es en la sierra del Perú desde abril hasta septiembre, porque se alzan entonces las aguas; y de septiembre a abril dicen que es invierno, porque vuelven las aguas; y así afirman, que en la sierra del Perú es verano, al mismo tiempo que en España, e invierno, ni más ni menos. Y cuando el Sol anda por el cenit de sus cabezas, entonces creen que es finísimo invierno, porque son las mayores lluvias.

Pero esto es cosa de risa, como de quien habla sin letras; porque así como el día se diferencia de la noche por la presencia del Sol y por su ausencia en nuestro hemisferio, según el movimiento del primer móvil, y esa es la definición del día y de la noche, así ni más ni menos se diferencia el verano del invierno, por la vecindad del Sol, o por su apartamiento, según el movimiento propio del mismo Sol, y esa es su definición. Luego entonces en realidad de verdad es verano, cuando el Sol está en la suma propincuidad; y entonces invierno cuando está en el sumo apartamiento. Al apartamiento y allegamiento del Sol síguese el calor y el frío, o templanza necesariamente; mas el llover o no llover, que es humedad y sequedad, no se siguen necesariamente. Y así se colige contra el vulgar parecer de muchos, que en el Perú el invierno es sereno y sin lluvias, y el verano es lluvioso; y no al revés, como el vulgo piensa, que el invierno es caliente, y el verano frío.

El mismo yerro es poner la diferencia que ponen entre la sierra y los llanos del Perú: dicen, que cuando en la sierra es verano, en los llanos es invierno, que es abril, mayo, junio, julio, agosto. Porque entonces la sierra goza de tiempo muy sereno, y son los soles sin aguaceros, y al mismo tiempo en los llanos hay niebla, y la que llaman garúa, que es una mollina o humedad muy mansa, con que se encubre el Sol. Mas como está dicho, verano e invierno por la vecindad, o apartamiento del Sol, se, han de determinar; y siendo así que en todo el Perú, así en sierra, como en llanos, a un mismo tiempo se acerca y aleja el Sol, no hay razón para decir que, cuando es verano en una parte, es en la otra invierno. Aunque en esto de vocablos no hay para qué debatir, llámenlo como quisieren, y digan que es verano cuando no llueve, aunque haga más calor; poco importa. Lo que importa es saber la verdad que está declarada, que no siempre se alzan las aguas con acercarse más al Sol, antes en la tórrida zona es ordinario lo contrario.

Capítulo VI. Que la tórrida tiene gran abundancia de aguas y pastos, por más que Aristóteles lo niegue

Según lo que está dicho, bien se puede entender que la tórrida zona tiene agua, y no es seca, lo cual es verdad en tanto grado, que en muchedumbre y dura de aguas hace ventaja a las otras regiones del mundo, salvo en algunas partes que hay arenales, o tierras desiertas y yermas, como también acaece en las otras partes a el mundo. De las aguas del cielo ya se ha mostrado que tiene copia de lluvias, de nieves, de escarchas, que especialmente abundan en la provincia del Perú. De las aguas de tierra, como son ríos, fuentes, arroyos, pozos, charcos, lagunas, no se ha dicho hasta ahora nada; pero, siendo ordinario responder las aguas de abajo a las de arriba, bien se deja también entender que las habrá. Hay, pues, tanta abundancia de aguas manantiales, que no se hallará que el universo tenga más ríos, ni mayores, ni más pantanos y lagos.

La mayor parte de la América por esta demasía de aguas no se puede habitar, porque los ríos con los aguaceros de verano salen bravamente de madre y todo lo desbaratan, y el lodo de los pantanos y atolladeros por infinitas partes no consiente pasarse. Por eso los que moran cerca del Paraguay, de que arriba hicimos mención, en sintiendo la creciente del río, antes que llegue de avenida, se meten en sus canoas y allí ponen su casa y hogar, y por espacio cuasi de tres meses nadando guarecen sus personas y hatillo. En volviendo a su madre el río, también ellos vuelven a sus moradas, que aún no están del todo enjutas. Es tal la grandeza de este río, que, si se juntan en uno el Nilo y Ganges, y Eúfrates no le llegan con mucho. Pues, ¿qué diremos del río grande de la Magdalena, que entra en la mar entre Santa Marta y Cartagena, y que, con razón, le llaman el Río Grande? Cuando navegaba por allí me admiró ver que, 10 leguas la mar adentro, hacía clarísima señal de sus corrientes, que sin duda toman de ancho 2 leguas y más, no pudiéndolas vencer allí las olas e inmensidad del mar océano. Mas hablándose de ríos, con razón pone silencio a todos los demás aquel gran río, que unos llaman de las Amazonas, otros Marañón, otros el río de Orellana, al cual hallaron y navegaron los nuestros españoles; y cierto estoy en duda si le llame río o mar. Corre este río desde las sierras del Perú, de las cuales coge inmensidad de aguas, de lluvias y de ríos, que va recogiendo en sí, y pasando los grandes campos y llanadas del Paytiti, y del Dorado, y de las Amazonas, sale, en fin, al océano y entra en él cuasi frontero de las islas Margarita y Trinidad. Pero van tan extendidas sus riberas, especial en el postrer tercio, que hace en medio muchas y grandes islas, y lo que parece increíble, yendo por medio del río no miran los que miran sino cielo y río; aun cerros muy altos cercanos a sus riberas, dicen que se les encubre con la grandeza del río.

La anchura y grandeza tan maravillosa de este río, que justamente se puede llamar emperador de los ríos, supímosla de buen original, que fue un hermano de nuestra compañía que, siendo mozo, le anduvo y navegó todo, hallándose a todos los sucesos de aquella extraña entrada que hizo Pedro de Orsúa, y a los motines y hechos tan peligrosos del perverso Diego de Aguirre, de todos los cuales trabajos y peligros le libró el señor, para hacerle de nuestra Compañía. Tales, pues, son los ríos que tienen la que llaman tórrida, seca y quemada región, a la cual Aristóteles y todos los antiguos tuvieron por pobre y falta de aguas y pastos.

Y porque he hecho mención del río Marañón, en razón de mostrar la abundancia de aguas que hay en la tórrida, paréceme tocar algo de la gran laguna que llaman Titicaca, la cual cae en la provincia del Collao, en medio de ella.

Entran en este lago más de diez ríos y muy caudales; tiene un solo desaguadero, y ése no muy grande, aunque, a lo que dicen, es hondísimo; en el cual no es posible hacer puente, por la hondura y anchura del agua; ni se pasa en barcas, por la furia de la corriente, según dicen. Pásase con notable artificio, propio de indios, por una puente de paja echada sobre la misma agua, que, por ser materia tan liviana, no se hunde y es pasaje muy seguro y muy fácil. Boja la dicha laguna cuasi 80 leguas; el largo será cuasi de 35; el ancho mayor será de 15 leguas; tiene islas, que antiguamente se habitaron y labraron, ahora están desiertas. Cría gran copia de un género de junco que llaman los indios totora, de la cual se sirven para mil cosas, porque es comida para puercos y para caballos y para los mismos hombres, y de ella hacen casa y fuego y barco y cuanto es menester: tanto hallan los Uros en su totora.

Son estos uros tan brutales, que ellos mismos no se tienen por hombres. Cuéntase de ellos que, preguntados qué gente eran, respondieron que ellos no eran hombres, sino uros, como si fuera otro género de animales. Halláronse pueblos enteros de uros, que moraban en la laguna en sus balsas de totora trabadas entre sí y atadas a algún peñasco, y acaecíales levarse de allí y mudarse todo un pueblo a otro sitio; y así, buscando hoy adonde estaban ayer, no hallarse rastro de ellos, ni de su pueblo.

De esta laguna, habiendo corrido el Desguadero como 50 leguas, se hace otra laguna menor, que llaman de Paria, y tiene ésta también sus isletas, y no se le sabe desaguadero. Piensan muchos que corre por debajo de tierra y que va a dar en el mar del sur, y traen, por consecuencia, un brazo de río que se ve entrar en la mar de muy cerca, sin saber su origen. Yo antes creo que las aguas de esta laguna se resuelven en la misma con el Sol. Baste esta digresión para que conste cuán sin razón condenaron los antiguos a la región media por falta de aguas, siendo verdad que, así del cielo como del suelo, tiene copiosísimas aguas.

Capítulo VII. Trátase la razón por qué el sol fuera de los trópicos, cuando más dista, levanta aguas, y dentro de ellos al revés, cuando está más cerca

Pensando muchas veces con atención de qué causa proceda ser la equinoccial tan húmeda, como he dicho; deshaciendo el engaño de los antiguos, no se me ha ofrecido otra sino es que la gran fuerza que el Sol tiene en ella atrae y levanta grandísima copia de vapores do todo el océano, que está allí tan extendido, y juntamente con levantar mucha copia de vapores, con grandísima presteza los deshace y vuelve en lluvias. Que provengan las lluvias y aguaceros del bravísimo ardor, pruébase por muchas y manifiestas experiencias. La primera es la que ya he dicho que el llover en ella es al tiempo que los rayos hieren más derechos, y por eso más recios; y cuando el Sol ya se aparta y se va templando el calor, no caen lluvias ni aguaceros. Según esto, bien se infiere que la fuerza poderosa del Sol es la que allí causa las lluvias.

Ítem, se ha observado, y es así en el Perú y en la Nueva España, que por toda la región tórrida los aguaceros y lluvias vienen de ordinario después de mediodía, cuando ya los rayos del Sol han tomado toda su fuerza; por las mañanas, por maravilla llueve, por lo cual los caminantes tienen aviso de salir temprano y procurar para mediodía tener hecha su jornada, porque lo tienen por tiempo seguro de mojarse: esto saben bien los que han caminado en aquestas tierras. También dicen algunos pláticos que el mayor golpe de lluvias es cuando la Luna está más llena. Aunque, por decir verdad, yo no he podido hacer juicio bastante de esto, aunque lo he experimentado algunas veces. Así que el año, el día y el mes todo da a entender la verdad dicha, que el exceso de calor en la tórrida causa las lluvias. La misma experiencia enseña lo propio en cosas artificiales, como las alquitaras y alambiques que sacan agua de hierbas o flores, porque la vehemencia del fuego encerrado levanta arriba copia de vapores, y luego, apretándolos, por no hallar salida, los vuelve en agua y licor. La misma filosofía pasa en la plata y oro, que se saca por azogue, porque si es el fuego poco y flojo, no se saca cuasi nada del azogue; si es fuerte, evapora mucho el azogue, y topando arriba con que llaman sombrero, luego se torna en licor y gotea abajo. Así que la fuerza grande del calor, cuando halla materia aparejada, hace ambos efectos, uno de levantar vapores arriba, otro de derretirlos luego y volverlos en licor cuando hay estorbo para consumirlos y gastarlos.

Y aunque parezcan cosas contrarias que el mismo Sol cause las lluvias en la tórrida, por estar muy cercano, y el mismo Sol las cause fuera de ella, por estar apartado, y aunque parece repugnante lo uno a lo otro, pero bien mirado no lo es en realidad de verdad. Mil efectos naturales proceden de causas contrarias por el modo diverso. Ponemos a secar la ropa mojada al fuego, que calienta, y también al aire, que enfría. Los adobes se secan y cuajan con el Sol y con: el hielo. El sueño se provoca con ejercicio moderado; si es demasiado, y si es muy poco o ninguno, quita el sueño. El fuego, si no le echan leña, se apaga; si le echan demasiada leña, también se apaga; si es proporcionada, susténtase y crece. Para ver, ni ha de estar la cosa muy cerca de los ojos, ni muy lejos; en buena distancia se ve, en demasiada se pierde y muy cercana tampoco se ve. Si los rayos del Sol son muy flacos, no levantan nieblas de los ríos; si son muy recios, tan presto como levantan vapores, los deshacen, y así el moderado calor los levanta y los conserva. Por eso comúnmente ni se levantan nieblas de noche, ni al mediodía, sino a la mañana, cuando va entrando más el Sol. A este tono hay otros mil ejemplos de cosas naturales, que se ven proceder muchas veces de causas contrarias. Por donde no debemos maravillarnos que el Sol con su mucha vecindad levante lluvias, y con su mucho apartamiento también las mueva, y que siendo su presencia moderada, ni muy lejos, ni muy cerca, no las consienta.

Pero queda todavía gana de inquirir por qué razón dentro de la tórrida causa lluvias la mucha vecindad del Sol, y fuera de la tórrida las causa su mucho apartamiento. A cuanto yo alcanzo, la razón es porque fuera de los trópicos en el invierno no tiene tanta fuerza el calor del Sol, que baste a consumir los vapores que se levantan de la tierra y mar, y así éstos vapores se juntan en la región fría del aire en gran copia, y con el mismo frío se aprietan y espesan. y con esto, como exprimidos o apretados, se vuelven en agua. Porque aquel tiempo de invierno el Sol está lejos y los días son cortos y las noches largas, lo cual todo hace para que el calor tenga poca fuerza. Mas cuando se va llegando el Sol a los que están fuera de los trópicos, que es en tiempo de verano, es ya la fuerza del Sol tal, que juntamente levanta vapores y consume y gasta y resuelve los mismos vapores que levanta.

Para la fuerza del calor ayuda ser el Sol más cercano y los días más largos. Mas dentro de los trópicos, en la región tórrida, el apartamiento del Sol es igual a la mayor presencia de esotras regiones fuera de ellos, y así, por la misma razón, no llueve cuando el Sol está más remoto en la tórrida, como no llueve cuando está más cercano a las regiones de fuera de ella, porque está en igual distancia, y así causa el mismo efecto de serenidad. Mas cuando en la tórrida llega el Sol a la suma fuerza y hiere derecho las cabezas, no hay serenidad ni sequedad, como parecía que había de haber, sino grandes y repentinas lluvias. Porque con la fuerza excesiva de su calor atrae y levanta cuasi súbito grandísima copia de vapores de la tierra y mar océano; y siendo tanta la copia de vapores, no los disipando, ni derramando el viento, con facilidad se derriten y causan lluvias mal sazonadas. Porque la vehemencia excesiva del calor puede levantar de presto tantos vapores, y no puede tan de presto consumirlos y resolverlos; y así levantados y amontonados con su muchedumbre, se derriten y vuelven en agua.

Lo cual todo se entiende muy bien con un ejemplo manual. Cuando se pone a asar un pedazo de puerco, o de carnero, o de ternera, si es mucho el fuego y está muy cerca vemos que se derrite la grosura y corre y gotea en el suelo, y es la causa que la gran fuerza del fuego atrae y levanta aquel humor y vahos de la carne; y porque es mucha copia no puede resolverla, y así destila y cae; mas cuando el fuego es moderado y lo que se asa está en proporcionada distancia, vemos que se asa la carne y no corre ni destila, porque el calor va con moderación sacando la humedad y, con la misma, la va consumiendo y resolviendo. Por eso los que usan arte de cocina mandan que el fuego sea moderado y lo que se asa no esté muy lejos, ni demasiado cerca, porque no se derrita.

Otro ejemplo es en las candelas de cera o de sebo, que si es mucho el pábilo derrite el sebo o la cera, porque no puede gastar lo que levanta de humor. Mas si es la llama proporcionada, no se derrite ni cae la cera, porque la llama va gastando lo que va levantando. Esta, pues (a mi parecer), es la causa, porque en la equinoccial y tórrida la mucha fuerza del calor cause las lluvias que en otras regiones suele causar la flaqueza del calor.

Capítulo VIII. En qué manera se haya de entender lo que se dice de la tórrida zona

Siendo así que en las causas naturales y físicas no se ha de pedir regla infalible y matemática, sino que lo ordinario y muy común eso es lo que hace regla, conviene entender que en ese propio estilo se ha de tomar lo que vamos diciendo, que en la tórrida hay más humedad que en esotras regiones, y que en ella llueve cuando el Sol anda más cercano. Pues esto es así según lo más común y ordinario, y no por eso negamos las excepciones que la naturaleza quiso dar a la regla dicha, haciendo algunas partes de la tórrida sumamente secas, como de la Etiopía refieren y de gran parte del Perú lo hemos visto, donde toda la costa y tierra que llaman llanos carece de lluvias y aun de aguas de pie, excepto algunos valles que gozan de las aguas que traen los ríos que bajan de las sierras. Todo lo demás son arenales y tierra estéril, donde apenas se hallarán fuentes y pozos; si algunos hay, son hondísimos.

Qué sea la causa que en estos llanos nunca llueve (que es cosa que muchos preguntan) decirse ha en su lugar queriendo Dios, solo se pretende ahora mostrar que de las reglas naturales hay diversas excepciones. Y así, por ventura en alguna parte de la tórrida acaecerá que no llueva estando el Sol más cercano, sino más distante, aunque hasta ahora yo no lo he visto ni sabido, mas si la hay, habráse de atribuir a especial cualidad de la tierra, siendo cosa perpetua; mas si unas veces es así y otras de otra manera, hase de entender que en las cosas naturales suceden diversos impedimentos con que unas y otras se embarazan. Pongamos ejemplo: Podrá ser que el Sol cause lluvias y el viento las estorbe, o que las haga más copiosas de lo que suelen. Tienen los vientos sus propiedades y diversos principios con que obran diferentes efectos, y muchas veces contrarios a lo que la razón y curso de tiempo piden. Y pues en todas partes suceden grandes variedades al año por la diversidad de aspectos de los planetas y diferencias de posturas, no será mucho que también acaezca algo de eso en la tórrida diferente de lo que hemos platicado de ella. Mas, en efecto, lo que hemos concluido es verdad cierta y experimentada que en la región de en medio, que llamamos tórrida, no hay la sequedad que pensaron los viejos, sino mucha humedad, y que las lluvias en ella son cuando el Sol anda más cerca.

Capítulo IX. Que la tórrida no es en exceso caliente, sino moderadamente caliente

Hasta aquí se ha dicho de la humedad de la tórrida zona, ahora es bien decir de las otras dos cualidades, que son calor y frío. Al principio de este tratado dijimos cómo los antiguos entendieron que la tórrida era seca y caliente, y lo uno y lo otro en mucho exceso; pero la verdad es que no es así, sino que es húmeda y cálida, y su calor, por la mayor parte, no es excesivo, sino templado, cosa que se tuviera por increíble si no la hubiéramos asaz experimentado.

Diré lo que me pasó a mí cuando fui a las Indias; como había leído lo que los filósofos y poetas encarecen de la tórrida zona, estaba persuadido que, cuando llegase a la equinoccial, no había de poder sufrir el calor terrible; fue tan al revés, que al mismo tiempo que le pasé sentí tal frío, que algunas veces me salía al Sol, por abrigarme, y era en tiempo que andaba el Sol sobre las cabezas derechamente, que es en el signo de Aries, por marzo. Aquí yo confieso que me reí e hice donaire de los meteoros de Aristóteles y de su filosofía, viendo que en el lugar y en el tiempo que, conforme a sus reglas, había de arder todo y ser un fuego, yo y todos mis compañeros teníamos frío. Porque, en efecto, es así, que no hay en el mundo región más templada, ni más apacible, que debajo de la equinoccial.

Pero hay en ella gran diversidad, y no es en todas partes de un tenor; en partes es la tórrida zona muy templada, como en Quito y los llanos del Perú; en partes muy fría, como en Potosí, y en partes es muy caliente, como en Etiopía y en el Brasil y en los Malucos. Y siendo esta diversidad cierta y notoria, forzoso hemos de inquirir otra causa de frío y calor sin los rayos del Sol, pues acaece en un mismo tiempo del año, lugares que tienen la misma altura y distancia de polos y equinoccial, sentir tanta diversidad, que unos se abrasan de calor y otros no se pueden valer de frío, otros se hallan templados con un moderado calor, Platón[114] ponía su tan celebrada isla Atlántida en parte de la tórrida, pues dice que en cierto tiempo del año tenía al Sol encima de sí; con todo eso, dice de ella que era templada, abundante y rica. Plinio[115] pone a la Taprobana o Sumatra, que ahora llaman, debajo de la equinoccial, como, en efecto, lo está, la cual no solo dice que es rica y próspera, sino también muy poblada de gente y de animales.

De lo cual se puede entender que, aunque los antiguos tuvieron por intolerable el calor de la tórrida, pero pudieron advertir que no era tan inhabitable, como la hacían. El excelentísimo astrólogo y cosmógrafo Ptolomeo y el insigne filósofo y médico Avicena atinaron harto mejor, pues ambos sintieron que debajo de la equinoccial había muy apacible habitación.

114 Platón in Timéo et in Critia.
115 Plin., 1. 6, c. 22.

Capítulo X. Que el calor de la tórrida se templa con la muchedumbre de lluvias y con la brevedad de los días

Ser así verdad, como éstos dijeron, después que se halló el nuevo mundo quedó averiguado y sin duda. Mas es muy natural, cuando por experiencia se averigua alguna cosa que era fuera de nuestra opinión, querer luego inquirir y saber la causa de tal secreto. Así, deseamos entender por qué la región que tiene al Sol más cercano y sobre sí, no solo es más templada, pero en muchas partes es fría. Mirándolo ahora en común, dos causas son generales para hacer templada aquesta región.

La una es la que está arriba declarada, de ser región más húmeda y sujeta a lluvias, y no hay duda, sino que la lluvia refresca. Porque el elemento del agua es de su naturaleza frío, y aunque el agua por la fuerza del fuego se calienta, pero no deja de templar el ardor, que se causará de los rayos del Sol puro. Pruébase bien esto por lo que refieren de la Arabia interior, que está abrasadísima del Sol porque no tiene lluvias que templen la furia del Sol. Las nubes hacen estorbo a los rayos del Sol, para que no hieran tanto, y las lluvias que de ellas proceden también refrescan el aire y la tierra, y la humedecen; por más caliente que parezca el agua que llueve, en fin, se bebe y apaga la sed y el ardor, como lo han probado los nuestros, habiendo penuria de agua para beber. De suerte que, así la razón como la experiencia, nos muestran que la lluvia de suyo mitiga el calor; y pues hemos ya asentado que la tórrida es muy lluviosa, queda probado que en ella misma hay causa para templarse su calor. A esto añadiré otra causa, que el entenderla bien importa no solo para la cuestión presente, sino para otras muchas; y por decirlo en pocas palabras, la equinoccial, con tener soles más encendidos, ténelos, empero, más cortos, y, así, siendo el espacio del calor del día más breve y menor, no enciende ni abrasa tanto; mas conviene que esto se declare y entienda más. Enseñan los maestros de esfera, y con mucha verdad, que cuanto es más oblicua y atravesada la subida del zodíaco en nuestro hemisferio, tanto los días y noches son más desiguales; y al contrario, donde es la esfera recta y los signos suben derechos, allí los tiempos de noche y día son iguales entre sí. Es también cosa llana que toda región que está entre los dos trópicos tiene menos desigualdad de días y noches, que fuera de ellos, y cuanto más se acerca a la línea, tanto es menor la dicha desigualdad.

Esto por vista de ojos lo hemos probado en estas partes. Los de Quito, porque caen debajo de la línea, en todo el año no tienen día mayor ni menor, ni noche tampoco, todo es parejo. Los de Lima, porque distan de la línea cuasi doce grados, echan de ver alguna diferencia de noches y días, pero muy poca, porque en diciembre y enero crecerá el día como una hora aun no entera. Los de Potosí mucho más tienen de diferencia en invierno y verano, porque están cuasi debajo del trópico. Los que están ya del todo fuera de los trópicos notan más la brevedad de los días de invierno y prolijidad de los de verano, y tanto más cuanto más se desvían de la línea y se llegan al polo; y así, Germania y Angla tienen en verano más largos días que Italia y España. Siendo esto así, como la esfera lo enseña y la experiencia clara lo muestra, hase de juntar otra proposición también verdadera que, para todos los efectos naturales, es de gran consideración: la perseverancia en obrar de su causa eficiente.

Esto supuesto, sí me preguntan por qué la equinoccial no tiene tan recios calores como otras regiones por estío, exempli gratia, Andalucía, por julio y agosto, finalmente responderé que la razón es porque los días de verano son más largos en Andalucía, y las noches más cortas; y el día, como es caliente, enciende; la noche es húmeda y fría, y refresca. Y por eso el Perú no siente tanto calor, porque los días de verano no son tan largos, ni las noches tan cortas y el calor del día se templa mucho con el frescor de la noche. Donde los días son de quince o dieciséis horas, con razón hará más calor que donde son de doce o trece horas y quedan otras tantas de la noche para refrigerar. Y así, aunque la tórrida excede en la vecindad del Sol, excédenla esotras regiones en la prolijidad del Sol. Y es, según razón, que caliente más un fuego, aunque sea algo menor, si persevera mucho, que no otro mayor, si dura menos; mayormente interpolándose con frescor. Puestas, pues, en una balanza estas dos propiedades de la tórrida, de ser más lluviosa al tiempo del mayor calor, y de tener los días más cortos, quizá parecerá que igualan a otras dos contrarias, que son tener el Sol más cercano y más derecho, a lo menos que no les reconocerán mucha ventaja.

Capítulo XI. Que fuera de las dichas hay otras causas de ser la tórrida templada, y especialmente la vecindad del mar océano

Mas siendo universales y comunes las dos propiedades que he dicho, a toda la región tórrida, y con todo eso habiendo partes en ella que son muy cálidas y otras también muy frías, y, finalmente, no siendo uno el temple de la tórrida y equinoccial sino que un mismo clima aquí es cálido, allí frío, acullá templado, y esto en un mismo tiempo, por fuerza hemos de buscar otras causas de donde proceda esta tan gran diversidad que se halla en la tórrida.

Pensando, pues, en esto con cuidado, hallo tres causas ciertas y claras, y otra cuarta oculta. Causas claras y ciertas digo: la primera, el océano; la segunda, la postura y sitio de la tierra; la tercera, la propiedad y naturaleza de diversos vientos. Fuera de estas tres, que las tengo por manifiestas, sospecho que hay otra cuarta oculta, que es propiedad de la misma tierra que se habita y particular eficacia e influencia de su cielo. Que no basten las causas generales que arriba se han tratado, será muy notorio a quien considerare lo que pasa en diversos cabos de la equinoccial. Manomotapa, y gran parte del reino del Preste Juan, están en la línea o muy cerca, y pasan terribles calores, y la gente que allí nace es toda negra, y no solo allí, que es tierra firme, desnuda de mar, sino también en islas cercadas de mar acaece lo propio. La isla de Santo Tomé está en la línea, las islas de Cabo Verde están cerca, y tienen calores furiosos y toda la gente también es negra. Debajo de la misma línea, o muy cerca, cae parte del Perú y parte del nuevo reino de Granada, y son tierras muy templadas y que cuasi declinan más a frío que a calor, y la gente que crían es blanca. La tierra del Brasil está en la misma distancia de la línea que el Perú, y el Brasil y toda aquella costa es en extremo tierra cálida, con estar sobre la mar del norte. Estotra costa del Perú, que cae a la mar del sur, es muy templada.

Digo, pues, que quien mirare estas diferencias y quisiere dar razón de ellas, no podrá contentarse con las generales que se han traído para declarar cómo puede ser la tórrida tierra templada. Entre las causas especiales puse la primera la mar, porque, sin duda, su vecindad ayuda a templar y refrigerar el calor; porque, aunque es salobre su agua, en fin es agua, y el agua de suyo fría, y esto es sin duda. Con esto se junta que la profundidad inmensa del mar océano no da lugar a que el agua se caliente con el fervor del Sol, de la manera que se calientan las aguas de ríos. Finalmente, como el salitre, con ser de naturaleza de sal, sirve para enfriar el agua, así también vemos por experiencia que el agua de la mar refresca, y así, en algunos puertos, como en el del Callao, hemos visto poner a enfriar el agua o vino para beber en frascos o cántaros metidos en la mar.

De todo lo cual se infiere que el océano tiene, sin duda, propiedad de templar y refrescar del calor demasiado; por eso se siente más calor en tierra que en mar coeteris paribus. Y comúnmente las tierras que gozan marina son más frescas que las apartadas de ella, coeteris paribus, como está dicho. Así que, siendo la mayor parte del nuevo orbe muy cercana al mar océano, aunque esté debajo de la tórrida, con razón diremos que de la mar recibe gran beneficio para templar su calor.

Capítulo XII. Que las tierras más altas son más frías, y qué sea la razón de esto

Pero discurriendo más, hallaremos que en la tierra, aunque esté en igual distancia de la mar y en unos mismos grados, con todo eso no es igual el calor, sino en una mucho, y en otra poco. Qué sea la causa de esto, no hay duda sino que el estar más honda o estar más levantada hace que sea la una caliente y la otra fría. Cosa clara es que las cumbres de los montes son más frías que las honduras de los valles, y esto no es solo por haber mayor repercusión de los rayos del Sol en los lugares bajos y cóncavos, aunque esto es mucha causa, sino que hay otra también, y es que la región del aire que dista más de la tierra y está más alta, de cierto es más fría.

Hacen prueba suficiente de esto las llanadas del Collao, en el Perú, y las de Popayán y las de Nueva España, que, sin duda, toda aquella es tierra alta, y por eso fría, aunque está cercada de cerros y muy expuesta a los rayos del Sol. Pues si preguntamos ahora por qué los llanos de la costa en el Perú y en Nueva España es tierra caliente, y los llanos de las sierras del mismo Perú y Nueva España es tierra fría, por cierto que no veo que otra razón pueda darse, sino porque los unos llanos son de tierra baja y otros de tierra alta. El ser la región media del aire más fría que la inferior persuádelo la experiencia, porque cuanto los montes se acercan más a ella, tanto más participan de nieve y hielo y frío perpetuo. Persuádelo también la razón porque, si hay esfera de fuego, como Aristóteles y los más filósofos ponen por antiperístasis, ha de ser más fría la región media del aire, huyendo a ella el frío, como en los pozos hondos vemos en tiempo de verano. Por eso los filósofos afirman que las dos regiones extremas del aire, suprema e ínfima, son más cálidas, y la media más fría.

Y si esto es así verdad, como realmente lo muestra la experiencia, tenemos otra ayuda muy principal para hacer templada la tórrida, y es ser por la mayor parte tierra muy alta la de las Indias y llena de muchas cumbres de montes, que con su vecindad refrescan las comarcas do caen. Vense en las cumbres que digo perpetua nieve y escarcha, y las aguas hechas un hielo y aun heladas a veces del todo; y es de suerte el frío que allí hace, que quema la hierba. Y los hombres y caballos, cuando caminan por allí, se entorpecen de puro frío. Esto, como ya he dicho, acaece en medio de la tórrida, y acaece más ordinariamente cuando el Sol anda por su zenit. Así que, ser los lugares de sierra más fríos que los de los valles y llanos, es cosa muy notoria, y la causa también lo es harto, que es participar los montes y lugares altos más de la región media del aire, que es frígidísima. Y la causa de ser más fría la región media del aire también está dicha, que es lanzar y echar de sí todo el frío la región del aire, que está vecina a la ígnea exhalación, que, según Aristóteles, está sobre la esfera del aire. Y así, todo el frío se recoge a la región media del aire por la fuerza del antiperístasis, que llaman los filósofos.

Tras esto, si me preguntare alguno si el aire es cálido y húmedo, como siente Aristóteles,[116] y comúnmente dicen, ¿de dónde procede aquel frío que se recoge a la media región del aire? Pues de la esfera del fuego no puede proceder, y si procede del agua y tierra, conforme a razón, más fría había de ser la región ínfima, que no la de en medio. Cierto que si he de responder verdad, confesaré que esta objeción y argumento me hace tanta dificultad, que cuasi estoy por seguir la opinión de los que reprueban las cualidades sémolas y disímbolas que pone Aristóteles en los elementos y dicen que son imaginación. Y así, afirman que el aire es de su naturaleza

116 Aristones. Medeo.

frío, y para esto, cierto, traen muchas y grandes pruebas. Y dejando otras partes, una es muy notoria, que en medio de caniculares solemos con un ventalle hacernos aire, y hallamos que nos refresca; de suerte, que afirman estos autores que el calor no es propiedad de elemento alguno, sino de solo el fuego, el cual está esparcido y metido en todas las cosas, según que el magno Dionisio enseña.[117]

Pero ahora sea así, ahora de otra manera (porque no me determino a contradecir a Aristóteles, si no es en cosa muy cierta), al fin todos convienen en que la región media del aire es mucho más fría que la inferior, cercana a la tierra, como también la experiencia lo muestra; pues allí se hacen las nieves y el granizo y la escarcha y los demás indicios de extremo frío. Pues, habiendo de una parte mar, de otra sierras altísimas, por bastantes causas se deben éstas tener para refrescar y templar el calor de la media región que llaman tórrida.

117 Diotis., cap. 15, de caer. Hiera.

Capítulo XIII. Que la principal causa de ser la tórrida templada son los vientos frescos

Mas la templanza de esta región, principalmente y sobre todo, se debe a la propiedad del viento que en ella corre, que es muy fresco y apacible. Fue providencia del gran Dios, criador de todo, que en la región donde el Sol se pasea siempre y con su fuego parece lo había de asolar todo, allí los vientos más ciertos y ordinarios fuesen a maravillar frescos, para que con su frescor se templase el ardor del Sol. No parece que iban muy fuera de camino los que dijeron que el paraíso terrestre estaba debajo de la equinoccial, si no les engañara su razón, que para ser aquella región muy templada, les parecía bastar el ser allí los días y las noches iguales, a cuya opinión otros contradijeron, y el famoso poeta[118] entre ellos, diciendo:

Y aquella parte
está siempre de un Sol bravo encendida,
sin que fuego jamás de ella se aparte.

Y no es la frialdad de la noche tanta, que baste por sí sola a moderar y corregir tan bravos ardores del Sol. Así que por beneficio del aire fresco y apacible recibe la tórrida tal templanza, que, siendo para los antiguos más que horno de fuego, sea para los que ahora la habitan más que primavera deleitosa. Y que este negocio consista principalmente en la cualidad del viento pruébase con indicios y razones claras. Vemos en un mismo clima unas tierras y pueblos más calientes que otros solo por participar menos del viento que refresca. Y así otras tierras donde no corre viento, o es muy

118 Vir., 4, Gorg.

terrestre, y abrasado como un bochorno, son tanto fatigadas del calor, que estar en ellas estar en horno encendido.

Tales pueblos y tierras hay no pocas en el Brasil, en Etiopía, en el Paraguay, como todos saben, y, lo que es más de advertir, no solo en las tierras, sino en los mismos mares, se ven estas diferencias clarísimamente. Hay mares que sienten mucho calor, como cuentan del de Mozambique y del de Ormuz, allá en lo oriental; y en lo occidental el mar de Panamá, que por eso cría caimanes, y el mar del Brasil. Hay otros mares, y aun en los mismos grados de altura, muy frescos, como es el del Perú, en el cual tuvimos frío, como arriba conté, cuando le navegamos la vez primera, y esto siendo en marzo, cuando el Sol anda por cima. Aquí cierto donde el cielo y el agua son de una misma suerte, no se puede pensar otra cosa de tan gran diferencia, sino la propiedad del viento, que o refresca o enciende.

Y si se advierte bien, en esta consideración del viento que se ha tocado podrás satisfacer por ella muchas dudas, que con razón ponen muchos, que parecen cosas extrañas y maravillosas. Es, a saber, ¿por qué hiriendo el Sol en la tórrida, y particularmente en el Perú, muy más recio que por caniculares en España; con todo eso, se defienden de él con mucho menor reparo, tanto, que con la cubierta de una estera, o de un techo de paja, se hallan más reparados del calor, que en España con techo de madera, y aun de bóveda? Ítem, ¿por qué en el Perú las noches de verano no son calientes ni congojosas, como en España? Ítem, ¿por qué en las más altas cumbres de la sierra, aun entre montones de nieve, acaece muchas veces hacer calores insolubles? ¿Por qué en toda la provincia del Collar, estando a la sombra, por flaca que sea, hace frío, y en saliendo de ella al Sol, luego se siente excesivo calor? Ítem, ¿por qué siendo toda la costa del Perú llena de arenales muertos, con todo eso es tan templada? Ítem, ¿por qué distando Potosí de la ciudad de la Plata solo 18 leguas, y teniendo los mismos grados, hay tan notable diferencia, que Potosí es frigidísima, estéril y seca; la Plata, al contrario, es templada y declina a caliente y es muy apacible y muy fértil tierra?

En efecto, todas estas diferencias y extrañezas el viento es el que principalmente las causa, porque, en cesando el beneficio del viento fresco, es tan grande el ardor del Sol, que, aunque sea en medio de nieves, abrasa; en volviendo el frescor del aire, luego se aplaca todo el calor, por grande que sea. Y donde es ordinario y como morador este viento fresco, no consiente que los humos terrenos y gruesos, que exhala la tierra, se junten y causen calor y congoja, lo cual en Europa es al revés, que por estos humos de la tierra, que queda como quemada del Sol del día, son las noches tan calientes, pesadas o congojosas, y así parece que sale el aire muchas veces como de una boca de un horno. Por la misma razón, en el Perú el frescor del viento hace que, en faltando de los rayos del Sol, con cualquier sombra se sienta fresco. Otrosí, en Europa el tiempo más apacible y suave en el estío es por la mañanica. Por la tarde es el más recio y pesado. Mas en el Perú y en toda la equinoccial es al contrario, que, por cesar el viento de la mar por las mañanas y levantarse ya que el Sol comienza a encumbrar, por eso el mayor calor se siente por las mañanas, hasta que viene la virazón, que llaman, o marea o viento de mar, que todo es uno, que comienza a sentirse fresco. De esto tuvimos experiencia larga el tiempo que estuvimos en las islas, que dicen de Barlovento, donde nos acaecía sudar muy bien por las mañanas y al tiempo de mediodía sentir buen fresco, por soplar entonces la brisa de ordinario, que es viento apacible y fresco.

Capítulo XIV. Que en la región de la equinoccial se vive vida muy apacible

Si guiaran su opinión por aquí los que dicen que el paraíso terrenal está debajo de la equinoccial,[119] aún parece que llevaran algún camino. No porque me determine yo a que está allí el paraíso de deleites que dice la Escritura, pues sería temeridad afirmar eso por cosa cierta. Mas daguilla porque, si algún paraíso se puede decir en la tierra, es donde se goza un temple tan suave y apacible. Porque para la vida humana no hay cosa de igual pesadumbre y pena, como tener un cielo y aire contrario y pesado y enfermo; ni hay cosa más gustosa y apacible que gozar del cielo y aire suave, sano y alegre.

Está claro que de los elementos ninguno participamos más a menudo, ni más en lo interior del cuerpo, que el aire. Este rodea nuestros cuerpos, éste nos entra en las mismas entrañas y cada momento visita el corazón, y así le imprime sus propiedades. Si es aire corrupto, en tantico mata; si es saludable, repara las fuerzas; finalmente, solo el aire podemos decir que es toda la vida de los hombres. Así que, aunque haya más riqueza y bienes, si el cielo es desabrido y malsano, por fuerza se ha de vivir vida penosa y disgustada. Mas si el aire y cielo es saludable y alegre y apacible, aunque no haya otra riqueza da contento y placer. Mirando la gran templanza y agradable temple de muchas tierras de Indias, donde ni se sabe qué es invierno que apriete con fríos, ni estío que congoje con calores; donde con una esfera se reparan de cualquier injurias del tiempo; donde apenas hay que mudar vestido en todo el año, digo cierto que, considerando esto, me ha parecido muchas veces, y me lo parece hoy día, que si acabasen los hombres consigo de desenlazarse de los lazos que la codicia les arma, y si se desengañasen de pre-

119 Vives, lib. 13, de Cicimate, cap. 21.

tensiones inútiles y pesadas, sin duda podrían vivir en Indias vida muy descansada y agradable. Porque lo que los otros poetas cantan de los campos Elíseos y de la famosa Teme, y lo que Platón, o cuenta o finge de aquella su isla Atlántida, cierto lo hallarían los hombres en tales tierras si con generoso corazón quisiesen antes ser señores, que no esclavos de su dinero y codicia.

De las cualidades de la equinoccial y del calor y frío, sequedad y lluvias y de las causas de su templanza, bastará lo que hasta aquí se ha disputado. El tratar más en particular de las diversidades de vientos y aguas y tierras; ítem, de los metales, plantas y animales que de ahí proceden, de que en Indias hay grandes y maravillosas pruebas, quedará para otros libros. A éste, aunque, breve, la dificultad de lo que se ha tratado le hará por ventura parecer prolijo.

Advertencia al lector

Adviértese al lector que los dos libros precedentes se escribieron en latín, estando yo en el Perú; y así hablan de las cosas de Indias, como de cosas presentes. Después, habiendo venido a España, me pareció traducirlos en vulgar, y no quise mudar el modo de hablar que tenían. Pero en los cinco libros siguientes, porque los hice en Europa, fue forzoso mudar el modo de hablar: y así trato en ellos las cosas de Indias, como de tierras y cosas ausentes. Porque esta variedad de hablar pudiera con razón ofender al lector, me pareció advertirle de nuevo aquí.

Libros a la carta

A la carta es un servicio especializado para
- empresas,
- librerías,
- bibliotecas,
- editoriales
- y centros de enseñanza;

y permite confeccionar libros que, por su formato y concepción, sirven a los propósitos más específicos de estas instituciones.

Las empresas nos encargan ediciones personalizadas para marketing editorial o para regalos institucionales. Y los interesados solicitan, a título personal, ediciones antiguas, o no disponibles en el mercado; y las acompañan con notas y comentarios críticos.

Las ediciones tienen como apoyo un libro de estilo con todo tipo de referencias sobre los criterios de tratamiento tipográfico aplicados a nuestros libros que puede ser consultado en Linkgua-ediciones.com .

Linkgua edita por encargo diferentes versiones de una misma obra con distintos tratamientos ortotipográficos (actualizaciones de carácter divulgativo de un clásico, o versiones estrictamente fieles a la edición original de referencia).

Este servicio de ediciones a la carta le permitirá, si usted se dedica a la enseñanza, tener una forma de hacer pública su interpretación de un texto y, sobre una versión digitalizada «base», usted podrá introducir interpretaciones del texto fuente. Es un tópico que los profesores denuncien en clase los desmanes de una edición, o vayan comentando errores de interpretación de un texto y esta es una solución útil a esa necesidad del mundo académico.

Asimismo publicamos de manera sistemática, en un mismo catálogo, tesis doctorales y actas de congresos académicos, que son distribuidas a través de nuestra Web.

El servicio de «Libros a la carta» funciona de dos formas.

1. Tenemos un fondo de libros digitalizados que usted puede personalizar en tiradas de al menos cinco ejemplares. Estas personalizaciones pueden ser de todo tipo: añadir notas de clase para uso de un grupo de estudiantes, introducir logos corporativos para uso con fines de marketing empresarial, etc. etc.

2. Buscamos libros descatalogados de otras editoriales y los reeditamos en tiradas cortas a petición de un cliente.

www.ingramcontent.com/pod-product-compliance
Lightning Source LLC
La Vergne TN
LVHW051000080826
845145LV00009B/2378

9788499535609